古典文獻研究輯刊

三三編

潘美月・杜潔祥 主編

第31冊

《純常子枝語》校證
（第六冊）

陳開林 著

國家圖書館出版品預行編目資料

《純常子枝語》校證（第六冊）／陳開林 著 -- 初版 -- 新北市：
花木蘭文化事業有限公司，2021〔民110〕
目 2+166 面；19×26 公分
（古典文獻研究輯刊 三三編；第 31 冊）
ISBN 978-986-518-647-0（精裝）
1. 純常子枝語 2. 雜文 3. 研究考訂
011.08   110012106

ISBN-978-986-518-647-0

9 789865 186470

古典文獻研究輯刊
三三編　第三一冊   ISBN：978-986-518-647-0

《純常子枝語》校證（第六冊）

作　　者　陳開林
主　　編　潘美月、杜潔祥
總 編 輯　杜潔祥
副總編輯　楊嘉樂
編　　輯　許郁翎、張雅淋、潘玟靜　美術編輯　陳逸婷
出　　版　花木蘭文化事業有限公司
發 行 人　高小娟
聯絡地址　235 新北市中和區中安街七二號十三樓
　　　　　電話：02-2923-1455／傳真：02-2923-1452
網　　址　http://www.huamulan.tw 信箱 service@huamulans.com
印　　刷　普羅文化出版廣告事業
初　　版　2021 年 9 月
全書字數　1046345 字
定　　價　三三編 36 冊（精裝）台幣 90,000 元

《純常子枝語》校證

（第六冊）

陳開林 著

目

次

卷四十 〔註1〕

　　李善《文選注》亦有用古人之說而不著所出者。卷二十八漢高祖歌,《注》云:「威加海內,言已靜也。夫安不忘危,故思猛士以鎮之。」按:「《大風》安不忘危」,文中子之言也〔註2〕。崇賢蓋善其說而用之。卷二十一郭璞《遊仙詩》,《注》云:「璞文多自敘,雖志狹中區,而辭無此字疑誤。俗累,見非前識,良有以哉!」按:鍾嶸《詩品》云:「郭璞遊仙之作,辭多慷慨,乖遠玄宗,乃是坎壈詠懷,非列仙之趣也。」崇賢所謂「前識」,蓋即指鍾嶸而言。余謂事實必標出處,而論議不妨隱括其詞,崇賢云云,諒非掠美。近人有撰《文選注例》〔註3〕者,未知曾論及此否耳。

─────────────

〔註1〕按:稿本題「純常子枝語」。稿本乙封題「純常子枝語　第四十冊抄本」。
〔註2〕見《中說》卷四《周公篇》。
〔註3〕清・張雲璈《簡松草堂詩文集》文集卷八《文選注例說》:
　　李善之注《文選》,自有其例。不明其例,則李《注》之次第不可得而知也。凡五臣注闌入李氏,李氏注淪於五臣者,不可得而知也。且有非五臣注而淆淸於李氏者,更不可得而知也。例者何如?諸引文證皆舉先以明後,以示作者必有祖述也。或引後以明前,示不敢專也。又如同卷再見者,則云已見上文;它卷再見者,云已見某篇;務從省也。舊注並於篇首題其姓名,有乖謬乃具釋,必稱善以別之,不攘人以為己有也。其引詩如自引,則稱《毛詩》;若舊注所引,則止云《詩》。蓋劉淵林、張孟陽諸人之注,引詩未必是《毛詩》,觀《魏都賦》「脒脒坰野」《注》可見也。引《漢書》,如太子報桓榮書之在榮傳,谷永與王譚書之在永傳之類,不稱班、范二史也。音釋多在注末,而不在正文下。凡音之在正文下,但取簡易者,皆非李氏舊也。稱然則單用然字,此通注中如此。其有則字,皆後人誤增也。凡此皆李氏《注》一定之例。其後輾轉合併,遞相屬雜,往往舛錯,幾不可讀。顯慶奏上之本,無復廬山真面矣。何義門、陳少章據袁本、茶陵本,雖句櫛字比,僅得十之四五。

─1067─

崇賢亦頗糾昭明之誤。左太沖《招隱詩》,《注》云〔註4〕:「《雜詩》左居陸後,而此在前,誤也。」此特時代之小舛耳。劉越石《扶風歌》,《注》云〔註5〕:「集云《扶風歌》九首,然以兩韻為一首,今此合之,蓋誤。」余按:昭明選錄,頗有改訂,不依原集,故題昭明太子撰也。此譏其與集不同,亦非塙論。

明徐禎卿《翦勝野聞》〔註6〕云:「太祖嘗命僧宗泐往西域求釋典,泐道逢一僧,問西域去此幾何。僧曰:『汝頭白,行不到,行不到也。為我致言明主』云云。泐歸,具道所以。帝發書,乃即位時水陸醮齋手書表文也,乃止。」按:此所記虛實未可知,然求經西竺之事,自此而無矣。

西人馬留哥波羅嘗仕元,世祖時巡視各地,其紀行書有曰:「於成吉思汗一族之封內觀之,達夫里斯、撒馬爾干、喀什噶爾、支那等處,耶蘇宗徒甚多。又如唐古特之都府甘皮安,宏壯美麗,其居民多拜偶像,其教法盛行邪宗。按:此耶蘇教徒,所指為邪宗耳。然卻有尤宏壯之耶蘇寺院三所。」按:此可知也里可溫派人,元時固所在多有矣。

近年新改策論試士,典試者頗尚短篇,舉子多以為謗。余按:試八股時,尚有不滿三百字之禁。凡文不滿三百字者,以違式論。頭場貼出此例,蓋本於有宋,則策論之不宜過簡,明矣。劉原父《公是集》三十三《駁張洞起請乞降等收錄少字賦論進士奏准中書批狀》云〔註7〕:「伏以禮部考試條式頒行天下,蓋設公共之格,以便程文之體。」又云:「業文之人,雖務語省,亦不於數字之間便成駢贅。且施行已久,未嘗聞以此為弊。」是原父亦不以過簡為然也。張洞在當時頗有名,周文忠《平園續槁》九《跋歐陽文忠與張洞書》

近鄱陽胡果泉中丞據宋淳熙尤延之貴池重鋟本,參以袁、茶之校,而互訂之,成《考異》十卷,反覆詳論李氏之舊。雖未能盡復,然已思過半矣。胡氏言《文選》之異,起於五臣,然有五臣而不與善注合併,即合併矣而未經合併者具在,即任其異而弗考,無不可也。今世所存,僅袁、茶及尤延之本,或沿前而有譌,或改舊而成誤,割裂刪削,殊非崇賢舊觀。是李氏之《注》,一厄於五臣之合併,再厄於尤氏之增刪,故五臣而闌入李氏者猶可考,非五臣而闌入李氏者無由正也。惟一準乎例,尋流而遡源,或不致迷途之難返云爾。

〔註4〕見《文選》卷二十二。
〔註5〕見《文選》卷二十八。
〔註6〕明·徐禎卿《翦勝野聞》一卷,《四庫全書存目叢書》子部第240冊收錄北京圖書館分館藏明刻本。
〔註7〕見宋·劉敞《公是集》卷三十三《禮部貢院駁張洞起請乞降等收錄少字賦論進士奏准中書批狀》。

云〔註8〕：「洞字仲通，開封人。晁無咎《雞肋集》有傳。〔註9〕任潁州推官，文忠實為守，甚重之。」

姚姬傳《五七言今體詩鈔》所選，多格正調高之作，〔註10〕然不能博異趣，所謂見善者機耳。又涉筆屢誤。如杜詩「風塵三尺劍，天地一戎衣」，姬傳引其叔父姜塢說，云：「宇文周《宗廟歌辭》有『終封三尺劍，長卷一戎衣』，子山之作也，杜蓋本之。」按：此宋楊文節《誠齋詩話》之說〔註11〕，非援鶉堂創見也。李東川《題璿公山池》詩：「開山幽棲祇樹林。」姬傳云：「依王元美，定開山為開士。」按：此王敬美《藝圃擷餘》之說，元美《藝苑卮言》

〔註8〕宋·周必大《文忠集》卷四十九《平園續稿九·跋歐陽文忠公與張洞書》。

〔註9〕宋·晁補之《雞肋集》卷六十二《張洞傳》。

〔註10〕孫琴安《唐詩選本提要》附錄一《古代著名唐宋詩合選本》（第456～457頁）：
五七言今體詩鈔
清姚鼐撰。此書版本甚多，余見為《四部備要》本。全書共十八卷，前九卷專選唐五言律詩，亦包括少數排律，後九卷專選唐、宋七言律詩，其中唐六卷、宋三卷。前有姚氏寫於嘉慶三年（1798）的序，全文如下：
天下之是非有不可得而淆也，而人以己意決之，則不能不淆。其不淆者，必其當於人心之公意者也。人心之公意雖具於人人，而當其始無一人發之，則人人之公意不見，苟發之而同者會矣。論詩如漁洋之《古詩鈔》，可謂當人心之公者也。吾惜其論止古體，而不及今體，至今日而為今體者紛紜疊出，多趨訛謬，風雅之道日衰。從吾遊者，咸請為補漁洋之闕編。因取唐以來詩人之作，採錄論之，分為二集十八卷，以盡漁洋之遺志。雖然，漁洋有漁洋之意，吾有吾之意，吾觀漁洋所取捨，亦時有不盡當吾心者，要其大體雅雅正，足以維持詩學，導啟後進，則亦足矣。其小小異同嗜好之情，雖公者不能無偏也。今吾亦自奮室中之說，前未必盡合於漁洋，後未必盡當於學者，然而存古人之正軌，以正祛邪，則吾說有必不可易者。世之君子，其亦以攬其大者求之。（開林按：著重號原無，係著者所加。）
可見此書亦是為補王士禎之闕而編選的。其中五、七言律皆以杜甫為最多，五律一人獨佔一百六十首，而王維亦不過四十七首，李白四十二首，餘則更少；杜甫七律六十首，李商隱三十二首，劉長卿十二首，王維十一首，白居易十首，餘皆不滿十首。初、盛、中、晚各不偏廢。清沈曾植《海日樓題跋》卷一《惜抱軒詩集跋》卷一《惜抱軒詩集跋》云：「惜抱選詩，暨與及門講授，一宗海峰家法，門庭階闥，矩範秩然。」今視全書，雖不脫劉長楸《歷代詩約選》範圍，然所選確乎精矣當矣，遠非《瀛奎律髓》諸書所及。
此書雖無箋注，然在有些詩後有評語，偶有雙行夾批，皆校精。（下略）

〔註11〕宋·楊萬里《誠齋集》卷第一百一十四《詩話》：
句有偶似古人者，亦有述之者。……庾信云「永韜三尺劍，長卷一戎衣」，杜云「風塵三尺劍，社稷一戎衣」，亦勝庾矣。

特稱之耳。〔註12〕然毛大可論之於前，翟儀仲議之於後，其不當作「開士」，審矣。姬傳猶沿其誤耶？又評黃山谷《題樊侯廟》、《徐孺子祠堂》〔註13〕二律云：「凡詠古詩，鎔鑄事蹟，裁對工巧，此西崑纖麗之體。若大家自吐胸臆，兀傲縱橫，豈以儷事為尚哉？」按：此論固佳，然山谷《樊侯廟》詩實本二律。〔註14〕其第一首騾括樊侯生平，兼工論議。王伯厚《困學紀聞》所說，正與相同〔註15〕，未嘗以遺棄事蹟為貴也。又評陸放翁「高標已壓萬花群」一律〔註16〕云：「梅詩如此句，可謂工絕，當在林處士高士美人聯〔註17〕上，然猶在雪後水邊一聯〔註18〕之下。」按：「雪滿山中高士臥，月明林下美人來」，乃明高槎軒詠梅詩也，姬傳亦以為和靖作耶？姬傳以詞章與考據並重，然畢竟於考據之功未嘗致力耳。

　　陸放翁《江樓醉中作》〔註19〕「死慕劉伶贈醉侯」句，用皮日休《夏景沖澹偶然作》結句「他年謁帝言何事，請贈劉伶作醉侯」語也。姬傳以為用唐人詩「若使劉伶為酒帝，亦須封我醉鄉侯」，亦誤。又此書於前人有字者皆稱字，獨於李正已題曰李端，亦於例未純。

〔註12〕金・元好問《唐詩鼓吹》卷四李頎《題澔公山》：
　　　　開山幽居祇樹林。
　　　　注：「『開山』疑作『開士』。」
　　　　明・胡震亨《唐音癸籤》卷二十一：
　　　　李頎《題璿公山池》云：「遠公避跡廬山岑，開山幽居祇樹林。」弇州公以開山聲調不協，欲改為開士，此元人郝天挺《唐詩鼓吹》注中說也。吾謂遠公即指璿公，開山即就上廬山衍下，做到山池上，意義實然。雖不迭，不可改也。不然，一人耳，既擬之遠公矣，復泛稱為開士，可乎？
〔註13〕見《山谷外集》卷六。
〔註14〕《山谷外集》卷十三《題樊侯廟二首》：
　　　　漢興豐沛開天下，故舊因依日月明。拔劍一卮戲下酒，剖符千戶舞陽城。鼓刀屠狗少時事，排闥諫君身後名。異日淮陰倘相見，安能鞅鞅似平生。
　　　　門掩虛堂陰窈窈，風搖枯竹冷蕭蕭。丘墟余意誰相問，豐沛英魂我欲招。野老無知惟卜歲，神巫何事苦吹簫。人歸里社黃雲暮，只有哀蟬伴寂寥。
〔註15〕俟考。
〔註16〕見宋・陸游《劍南詩稿》卷四《十二月初一日得梅一枝絕奇戲作長句今年本於是四賦此花矣》。
〔註17〕明・高啟《高太史大全集》卷十五《梅花九首》其一：「雪滿山中高士臥，月明林下美人來。」
〔註18〕宋・林逋《林和靖詩集》卷二《梅花》：「雪後園林纔半樹，水邊籬落忽橫枝。」
〔註19〕見《劍南詩稿》卷九。

歐陽兗公〔註20〕《歸田錄》：卷一。「開寶寺塔在京師諸塔中最高，而制度甚精，都料匠預浩所造也。塔初成，望之不正，而勢傾西北。人怪問之，浩曰：『京師地平無山，而多西北風，吹之不百年當正也。』其用心之精如此。國朝以來，木工一人而已。至今工人以預都料為法，有《木經》三卷行於世。世傳浩惟一女，年十餘歲，每臥則交手於胸，為結構狀。如此踰年，撰成《木經》三卷，今行於世者是也。」按：《營造法式》、《梓人遺制》均未有引《木經》者，蓋其書失傳久矣。《夢溪筆談》卷十八又云〔註21〕：「錢氏據兩浙時，於杭州梵天寺建一木塔，方兩三級，錢帥登之，患其塔動。匠師云：『未瓦，上輕故如此。』乃以瓦布之，而動如初。無可奈何，密使其妻見喻皓之妻，賂以金釵，問塔動之因。皓笑曰：『此易耳，但逐層布板，訖便實釘之，則定不動。』匠師如其言，塔遂定。」此當即預都料。惟預浩、喻皓未詳孰是。此法必當載於《木經》矣。《筆談》又一條云〔註22〕：「喻皓《木經》，其書三卷。近歲土木之工，益為嚴善，舊《木經》多不用，未有人重為之，亦良工之一業也。」據此，則宋中葉以後，工匠之才轉優於宋初乎？

《宋書‧魯爽傳》〔註23〕：「魏主燾南寇，爽與弟秀從渡河，謀歸南。請曰：『奴與南有讎』云云。群臣於其主稱奴，猶稱臣也。」○〔註24〕愚意鮮卑語未知奴字當作何稱，譯者不善，遽以奴字當之，於意義未必適合也。王莽正天下奴婢之名曰私屬，禁不得賣。鮮卑之所謂奴者，蓋即私屬而已。

土地之祀，宋時始盛。周益公《玉堂雜記》云：「汪季路得《御製祭土地文》真蹟，云：維淳熙五年，歲次戊戌，十一月日，太上皇帝遣具階張宗尹特設牲牢旨酒珍果香花，致祭於本宮土地之神。神有百職，職各不同。典司草木，土示是供」云云。是宮中亦祭土地也。

五祀有門，然而未言神也。《禮記注》始有之。焦里堂《易餘籥錄》卷十八云：「《漢書‧廣川王傳》：『其殿門有成慶畫，短衣大袴長劍。』晉灼曰：『成慶，荊軻也。衛人謂之慶卿，燕人謂之荊卿。』師古曰：『成慶，古之勇士也。事見《淮南子》，非荊卿也。』按：《戰國策‧趙策》：『鄭同云：內無孟賁之威，荊慶之斷。』《注》云：『荊，成荊。』《〈范雎傳〉》注：『古勇士。』

〔註20〕即歐陽修，死後追封為兗國公。
〔註21〕見《夢溪筆談》卷十八《技藝》。
〔註22〕見《夢溪筆談》卷十八《技藝》。
〔註23〕見《宋書》卷七十四。
〔註24〕「○」，底本作空格，據稿本補。

《道應訓》：『荊有佽非斬蛟，孔子聞之。』《博物志》以為荊軻，非也。」按：殿門畫，此即是今之門神。《禮記‧喪大記》：「大夫之喪，將大斂，君至，君釋菜。」《注》云：「釋菜，禮門神也。」門神二字見此。其武裝者，俗傳為秦叔寶、尉遲敬德，蓋即古畫成慶之遺。宋人《楓窗小牘》云〔註25〕：「靖康已前，汴中家戶門神多番樣，戴虎頭盔。而王公之門，至以渾金飾之。識者謂虎頭男子是虜字，金飾更是金虜在門也。不三數年，而家戶被虜，王公被其酷尤甚。」

歐陽文忠《崇文總目敘》釋儒家類云〔註26〕：「仲尼之業，垂之六經，其道閎博。君人治物，百王之用，微是無以為法。故自孟軻、揚雄、荀卿之徒又駕其說，扶而大之。歷世諸子，轉相祖述，自名一家。異端其言，或破碎於大道，然計其作者之意，要之孔氏，不有殊焉。」余按：此謂儒家不異孔子，而不言孔子即為儒家。敘述源流，歐公可謂至審矣。

六朝人猶以儒為一家，不即以為孔教。北齊劉畫《新論‧九流篇》云〔註27〕：「儒者，晏嬰、子思、孟軻、荀卿之類也。」是猶用劉歆、班固之說。又云：「儒家雖非得真之說，然茲教可以導物。道家雖為達情之論，而違禮復不可以救弊。」

毛子晉汲古閣刊《片玉詞》，頗有校正文字之功，然亦有稍誤者。《玉樓春》詞「夕陽深鎖綠楊門，一任庾郎愁裏老。」毛定「庾郎」為「盧郎」，引崔氏女詩「不見盧郎年少時」為證。不知此於「老」字相屬，於「愁」字不相屬也。美成又有《晏清都》詞云「始信道庾信愁多」，又姜堯章《齊天樂‧詠蟋蟀》詞云「庾郎先自吟愁賦」，是庾郎愁字乃兩宋人常語，子晉改「庾」為「盧」，誤矣。《側犯》詞「見說文姬，酒壚寂靜」，此用《史記‧司馬相如傳》，「文姬」乃「文君」之誤。毛校乃引辛延年詩，改「文姬」為「胡姬」，亦與詞意不合也。《夜飛鵲》詞「茇葵燕麥」，「茇」字不當校改作「兔」。古人用事，每不必悉用原文。況美成賦別情，與劉禹錫玄都觀事何所關合邪？任昉《述異記》云：「茇葵本胡中葵，似葵而大者。」此美成所本。《風流子》詞「寄將秦鏡，偷換韓香」，毛校引樂府「盤龍明鏡餉秦嘉，辟惡生香寄韓壽」為證。按：二句見《庾子山集‧燕歌行》。

〔註25〕見宋‧袁褧《楓窗小牘》卷下。
〔註26〕見歐陽修《歐陽文忠公集‧崇文總目敘釋一卷》。
〔註27〕見《劉子》卷十《九流第五十五》。

《周禮》〔註28〕：「小宗伯之職，兆五帝於四郊，四望、四類亦如之。」鄭司農云：「四類，三皇、五帝、九皇、六十四民咸祀之。」《疏》曰：「《史記》云：『九皇氏沒，六十四民興。六十四民沒，三皇興。』彼雖無三皇、五帝之文，先鄭意三皇已祀之，明並祭五帝、三王可知。」「都宗人掌都祭祀之禮。凡都祭祀，致福於國。」〔註29〕鄭《注》：「都或有山川及因國無主、九皇、六十四民之祀。」按：此上古君亦稱民之義。《漢舊儀》云〔註30〕：「祭三王、五帝、九皇、六十四民，皆古帝王，凡八十一姓。」是漢猶仍周制，即今時歷代帝王廟之所昉也。封禪之七十二君，疑六十四民與三皇五帝合其數矣。賈公彥引《史記》，特泛言史所記耳，非指《太史公書》。羅泌《路史》以「民」字為「氏」字之誤〔註31〕，非是。近人《西事述》云：「猶太人之始祖曰耶哥伯，其人跛一足，故猶太人不食畜類腿筋。」《世界地理》云：「猶太教即中國人所謂青回教。」

日本松村介石《萬國興亡史》云：「猶太人宗教發達，他邦膜拜偶像，彼獨能卓然事一無形之耶布巴神。」

又云：「回教非基督教，然拜威火巴神則同。」明陳仁錫《皇明世法錄》云：「回回教以事天為本而無象曰，每向西拜天，有佛經三十藏，凡三千六百餘卷。字兼篆隸楷，西洋諸國皆用之。」

《文選》潘安仁《馬汧督誄》〔註32〕：「彤珠星流。」李善《注》曰：「謂冶鐵以灌敵。《司馬法》曰：『火攻有五，斯為一焉。』《漢書》曰：『鑪中鐵銷，散如流星。』」按：此實鎗彈之始，特古時尚未有鎗耳。《五代史記·四夷坿錄》〔註33〕：「契丹圍幽州，盧文進教為火車地道以攻城，城中鎔銅鐵汁揮之，中者輒爛。」此即冶鐵灌敵之事。

歐陽文忠《五代史記》以南唐、南漢各國為世家，此仿《史記》而失之者也。〔註34〕《史記》之列國，皆受命於周；五代之十國，則非天子所命，且

〔註28〕《周禮注疏》卷十九。
〔註29〕《周禮注疏》卷二十七。
〔註30〕《太平御覽》卷五百二十六《禮儀部五》。
〔註31〕羅泌《路史》卷二《前紀二》：「『氏』或作『民』，誤。」
〔註32〕見《文選》卷五十七。
〔註33〕見《新五代史》卷七十二《四夷附錄第一》。
〔註34〕趙翼《廿二史劄記》卷二十一《五代史》：
　　「薛歐二史體例不同」條（第387頁）：
　　薛史於各國僭大號者，立僭偽傳，其不僭號而自傳子孫者，立世襲傳。歐則

多帝制自為，何得以世家目之？以此而效龍門，非貌同而心異乎？然其誤則通史先之。劉子玄〔註35〕《史通‧六家篇》云〔註36〕：「梁武帝敕其群臣，撰成通史。而漢已還，全錄當時紀傳。吳、蜀二主皆入世家。」按：此不如陳承祚書並列三國較為平允矣。唐修《晉書》，通史具存，而遠採東觀之法，以十六國為載記，則史例之善者也。

《舊五代史紀》〔註37〕：「貞明六年冬十月，陳州妖賊毌〔註38〕乙、董乙伏誅，陳州里俗之人喜習左道，依浮屠氏之教，自立一宗，號曰上乘。不食葷茹，誘化庸民，糅雜淫穢，宵聚晝散，州縣因循，遂致滋蔓」云云。按：上乘之名，與近代大乘相似。「不食葷茹」數語，亦歷代邪教之所同也。

《蜀檮杌》〔註39〕：通正二年二月，翰林學士庾博昌卒。博昌著《玉堂集》二十卷。是王蜀已稱翰林為玉堂。《唐書‧藝文志》別集類有獨孤霖《玉堂集》二十卷、鄭畋《玉堂集》五卷。

宋玉《風賦》：「徜徉中庭，北上玉堂。」

編檢出身不諡文者，又得一人，曰唐鑒。嘉慶十四年進士，改庶吉士，散館授檢討，官至太常寺卿。道光十一年卒，諡確慎。見《曾文正公文集》〔註40〕。

《五代史記‧四夷坿錄》〔註41〕：「胡嶠《陷虜記》云：『有屋室碑石，曰陵所也。兀欲入祭，諸部大人惟執祭器者得入。入而門闔，明口開門，曰拋盞，禮畢。問其禮，皆祕而不言。』」按：此契丹祭陵之禮。其祕而不言，則與今堂子之祭相近。《五代會要》曰〔註42〕：「阿保機陵寢謂之明殿。」此陵所未知亦稱明殿否也。

概列為世家，亦仿《史記》也。

「歐史書法謹嚴」條（第389頁）：

歐史不惟文筆潔淨，直追史記，而以《春秋》書法，寓褒貶於紀傳之中，則雖《史記》亦不及也。

〔註35〕「玄」，底本作「元」。

〔註36〕見《史通‧內篇‧六家第一》。

〔註37〕見《舊五代史》卷十《梁書十》。

〔註38〕「毌」，底本作「母」，據《舊五代史》改。

〔註39〕見宋‧張唐英《蜀檮杌》卷上。

〔註40〕見曾國藩《曾文正公詩文集》文集卷三《唐確慎公墓誌銘》。

〔註41〕見《新五代史》卷七十三《四夷附錄第二》。

〔註42〕見宋‧王溥《五代會要》卷二十九《契丹》。

又云〔註43〕：「轆劫子，其人髡首，披布為衣，不鞍而騎，大弓長箭，尤善射，契丹等國皆畏之。契丹五騎遇一轆劫子，則皆散走。」按：轆劫子當即靺鞨之異譯，實女真之種族也。契丹五騎不敢當一轆劫子，此《金史》所記契丹語，謂女真兵滿萬便不可敵矣

又云〔註44〕：「自黑車子，歷牛蹄國北，行二〔註45〕年，經四十三城，其語言無譯者。至三十三城，得一人，能鐵甸語，其言頗可解，云地名頡利烏於耶堰」云。「鐵甸」疑「迭烈」之轉音，俟考。

《四夷附錄》〔註46〕：「耶律德光謂晉高祖曰：『大事已成，吾命大相溫從爾渡河。』」按：「相溫」即「詳袞」之異譯，亦作「詳穩」。

《五代史補》〔註47〕：「沈彬，宜春人。能為歌詩，格高逸。應進士不第，遂遊長沙。會武穆方霸，彬獻頌德詩云：『金翅動身摩日月，銀河轉浪洗乾坤。』武穆覽而壯之。仕南唐，後主授金部郎中。致仕，年八十九卒。」按：《江南野史》，馬令、陸游《南唐書》均以彬為高安人，惟《采異記》與《五代史補》同。《采異記》載「廬山道士李谷神言：沈彬郎中，袁州宜陽人，即谷神鄉里之鄰伍也」〔註48〕，是所言當得其實矣。《萍鄉縣志》錄彬《萍鄉春晚寓居》詩，《縣志》誤作宋人。云「三十無成今四十，翊周安漢意空存」；又云「感時傷事皆頭白，幾個漁竿遇帝王」。是彬之志亦宋齊邱之類也。釋齊已有《宿沈彬進士書院》詩〔註49〕，云：「應有太平時節在，寒宵未臥共思量」，固深知其意矣。

《舊唐書・經籍志》雜譜牒類〔註50〕有《袁州譜》七卷。

《萍鄉縣志》載唐人書，有許載《吳唐拾遺錄》〔註51〕。

〔註43〕見《新五代史》卷七十三《四夷附錄第二》。

〔註44〕見《新五代史》卷七十三《四夷附錄第二》。

〔註45〕「二」，《新五代史》、《文獻通考》卷三百四十五《四裔考》二十二、宋・葉隆禮《契丹國志》卷二十五《胡嶠〈陷北記〉》均作「一」。

〔註46〕見《新五代史》卷七十二《四夷附錄第一》。

〔註47〕見宋・陶岳《五代史補》卷四《漢》。

〔註48〕見張本《說郛》卷六十五、陶本《說郛》卷一百一十八。

〔註49〕見唐・釋齊已《白蓮集》卷七、《全唐詩》卷八百四十四。

〔註50〕見《舊唐書》卷四十六《經籍志第二十六》。

〔註51〕「吳」，稿本作「吾」，誤。
宋・高似孫《史略》卷五《霸史二》：「《吳唐拾遺錄》十卷，許氏譔。」《宋史》卷二百三《藝文志第一百五十六》：「許載《吳唐拾遺錄》十卷。」

《唐·藝文志》別集類〔註52〕王轂詩集三卷，字虛中，乾寧進士第，郎官致仕；又張為詩一卷。

《全唐詩》：「李徵古，宜春人。南唐升元末舉進士第，官樞密副使。坐宋齊邱黨，賜死。有《登祝融峯》詩一首。」〔註53〕「釋虛中，宜春人。客於馬氏，住湘西粟城寺，與齊己、尚顏、棲蟾為詩友。有《碧雲集》一卷。今存詩十四首。」〔註54〕司空圖有詩云：「十年太華無知己，只得虛中兩首詩。」〔註55〕蓋虛中曾與表聖往還，且得其意趣云。

齊己《荊門寄沈彬》詩云〔註56〕：「詩無賢子擬傳誰。」然則各書所記彬子廷瑞事，豈不盡足信耶？

耶律楚材精於卜筮，宜萬寧《鐵木真用兵論》〔註57〕記之云：成吉思汗每遠征必從，楚材使占星位，言其得失，又為勘查其所佔筮信否，使灼羊支以助政略。灼羊支乃中央亞細亞蕃民之筮法，至今尚存云。按：孟珙《蒙韃備錄》曰〔註58〕：「凡占卜，吉凶、進退、殺伐，每用羊骨，扇以火鐵椎椎之，看其兆坼，以決大事，類龜卜也。」即灼羊支之事矣。《卜記》引楊方《五經鈎沈》云：「東夷之人以牛骨占事，呈示吉凶。」〔註59〕《晉

〔註52〕見《新唐書》卷六十《藝文志第五十》。
〔註53〕見《全唐詩》卷七百三十八。
〔註54〕見《全唐詩》卷八百四十八。
〔註55〕見唐·司空圖《司空表聖詩集》卷五。
〔註56〕見釋齊已《白蓮集》卷八、《全唐詩》卷八百四十五。
〔註57〕易新農《王禮培輯》輯四《題跋及書目》載：
　　《鐵木真帖木兒用兵論》（現藏臺北「中央研究院」傅斯年圖書館）
　　此鐵木真帖木兒用兵論，原書面載，俄羅斯人宜萬寧著，日本國參謀本部原譯，佐原篤分譯，漢文萍鄉文廷式治定，為廷式手筆。廷式所著書皆此紅絲格寫。甲子六月曝書檢記。湘鄉王禮培。禮培私印。
　　另，清·邵遠平《元史類編》卷十一《宰輔一·耶律楚材》：
　　帝每征討，必命楚材卜，帝亦自灼羊脾以相符驗，然後行。
〔註58〕見宋·孟珙著、清·曹元忠校注《蒙韃備錄校注·祭祀》。
〔註59〕《晉書》卷六十八《楊方傳》：
　　楊方，字公回。少好學，有異才。……在郡積年，著《五經鈎沈》，更撰《吳越春秋》，並雜文筆，皆行於世。
　　《初學記》卷二十九《獸部·牛第五》：
　　楊方《五經鈎沈》曰：「東夷之人，以牛骨占事，呈示吉凶，無往不中。牛非含智之物，骨有若此之效。」
　　又見《太平御覽》卷七百二十七《方術部八·牛蹄卜》、卷八百九十九《獸部十一·牛中》。

書》〔註60〕：「夫餘國若有軍事，殺牛祭天以其蹄占吉凶。」用牛用羊，則東北之異也。《卜記》不詳何人所撰，陶宗儀《說郛》載之。〔註61〕今世又傳耶律學士《步天歌》，蓋星命之學，亦用十二宮分，而本集不載。〔註62〕《夢溪筆談》卷〔註63〕十八。云：「西戎用羊卜，謂之跋焦，卜師謂之廝乩。以艾灼羊髀骨，視其兆，謂之死跋焦。又有先呪粟以食羊，羊食其粟則自搖其首，乃殺羊視其五臟，謂之生跋焦。土人尤神之。」吳處厚《青箱雜記》云〔註64〕：「《史記》稱四夷各異卜，《漢書》稱粵人以雞卜。又有鳥卜。東女國以十一月為正，至十月，令巫者齎酒肴詣山中，散糟麥於空中，大呪呼。俄頃有鳥如雉，飛入巫者懷中，即割其腹視之。有一穀米，歲必登。若有霜雪，則多異災。」

　　《唐書·藝文志》兵家類張道古《兵論》一卷，注云：「字子美，景福進士第。」〔註65〕按：道古事，張唐英《蜀檮杌》載之〔註66〕，云：「武成二年三月，灌州奏武部郎中張道古卒。道古，臨淄人，少有文詞，慕朱雲、梅福之節。景福中舉進士，釋褐為著作郎，遷右拾遺。時播遷之後，方鎮阻兵道。古上疏言五危二亂七事，責授施州司戶參軍。未幾，以左補闕征由蜀赴闕陳田之亂乃變姓名賣卜於溫江。王建聞其名，奏為節度判官。又上建詩，敘二亂五危七事，為同僚所嫉，送茂州安置。開國召為武部郎中，至玉壘關，謂所親曰：『吾唐室諫臣，終不能拳跽，與雞犬同食。今雖召還，必須再貶於此。死之日，葬我於關東不毛之地，題曰唐左補闕張道古墓。』至蜀，果不為時所容，復貶茂州，卒於路。」是其志有足悲者。視韓冬郎固當遠遜，比之黃滔、徐寅猶當少過，故特表而出之。釋貫休《寶月集》有《悼張道古》〔註67〕詩，注云：「昭宗時，道古官拾遺，以直諫貶蜀中死。」其詩有「天上君恩三載隔，鑒中鸞影一時空」句，則道古之終不忘君，蓋可知也。《北夢瑣言》卷〔註68〕五。云：「道古，滄州蒲臺人，擢第拜左補闕。文學甚富，介僻不群。所陳二

〔註60〕見《晉書》卷九十七《四夷列傳·東夷·夫餘國》。

〔註61〕《卜記》一卷，宋·王宏撰，《說郛》（宛委山堂本）弓一百九。

〔註62〕此空格，稿本作「○」。

〔註63〕「卷」，稿本無。

〔註64〕見宋·吳處厚《青箱雜記》卷三。

〔註65〕見《新唐書》卷五十九《藝文志第四十九》。

〔註66〕見宋·張唐英《蜀檮杌》卷上。

〔註67〕見清·李調元《全五代詩》卷五十四《貫休八》。又見《全唐詩》卷八百三十七。

〔註68〕「卷」，稿本無。

亂疏云：『只今劉備、孫權已生於世矣。』後入蜀，懼為蜀主所憾，無路棲託。泊逢開創，誠思徵召，為幕僚排擯，卒不齒錄，竟罹非命也。嘗自筮，遇凶卦，預造一穴，題表云唐左補闕張道古墓。後果遇害而瘞之。」是道古之死，王建實殺之。《瑣言》又云：「補闕深於篆象，著書號《易題》數卷，行於世。」《全唐詩》云〔註69〕：「道古一名睍，字子美，臨淄人。詩二首。」貫休又有《送張拾遺赴施州司戶》詩〔註70〕，以陽城擬之。鄭遨《哭張道古》詩云〔註71〕：「曾陳章疏忤昭皇，撲落西南事可傷。豈使諫臣終屈辱，直疑天道惡忠良。生前賣卜居三蜀，死後馳名遍大唐。誰是後來修史者，言君力死正穨綱。」張鷟《耳目記》云〔註72〕：「道古博學善古文，讀書萬卷而不好為詩。曾在張楚夢座上，時久旱，忽大雨，眾賓詠之，道古最後方成絕句，曰：『亢暘今已久，喜雨自云傾。一點不斜去，極多時下成。』」蓋詩非其所長也。〔註73〕

　　《宋元學案》：卷七十。「朱允升從陳定宇學，又師黃楚望，五經皆有《旁注》，而《易》尤詳，有《前圖》二卷。」

　　萍鄉人著述見於《唐‧藝文志》者，惟唐廩正字《貞觀新書》〔註74〕，今已不傳。而廩所作詩，《全唐詩》亦僅存《楊歧山》一首〔註75〕。然《萍鄉縣志》尚錄數篇，當是宋嘉定志舊稿，今鈔存之，亦足補《全唐詩》之逸也。《冬日書黎少府山齋》云：「愛此林亭絕，重遊亦似新。山秋同鶴過，水落見魚頻。映沼荷全綠，侵簷柳尚春。惜哉無別墅，共作白雲人。」《雲蓋山泉》云：「危嶠高高幾十層，梵王宮裏一泉澄。引來石竇明如玉，瀉落山廚冷似冰。淨影不關秋賦客，清音時警夜禪僧。從茲渡口潺湲去，勢入滄溟豈可仍。」

〔註69〕見《全唐詩》卷六百九十四。
〔註70〕唐‧釋貫休《禪月集》卷四《送張拾遺赴施州司戶》：道之大道古太古，二字為名爭莽鹵。社稷安危在直言，須歷堯堦摑諫鼓。恭聞吾皇至聖深無比，推席卻幾聽至理。一言偶未合堯聰，賈生須看湘江水。君不見頃者百官排閤赴延英，楊城不死存令名。君又不見仲尼遙奇司馬子，佩玉垂紳合如此。公乎公乎施之捄，江上春風喜相見。畏天之命復復行，芙蓉為衣勝純絹。好音入耳應非久，三峽聞猿莫迴首。且啜千年羹，醉巴酒。
　　按：又見《全唐詩》卷八百二十七，「楊城」作「陽城」。
〔註71〕見《全唐詩》卷八百五十五。
〔註72〕見《太平廣記》卷二百〇三《樂一‧王中散》。
〔註73〕按：稿本此下有「字以孳乳而多」、「唐釋齊己有《謝人寄南榴卓子》詩」二則，今見刻本卷十九。
〔註74〕見《新唐書》卷六十《藝文志第五十》。
〔註75〕見《全唐詩》卷六百九十四。

《題蔡處士居》云：「一畝周旋幾十家，春輪相次好生涯。鷓鴣近晚嗁深竹，鸂鶒新晴立淺沙。沃衍共知多黍稷，寬平仍覺富桑麻。當年何事拋耕釣，木笏藍衫兩鬢華。」

楊夔有《送鄭谷》詩〔註76〕，云：「一曲狂歌兩行淚，送君兼寄故鄉書。」是夔亦宜春人。又有《寄當陽袁皓明府》詩〔註77〕，袁皓亦宜春人。《唐書·藝文志》〔註78〕，楊夔集五卷，又《冗書》十卷、《冗餘集》一卷。○〔註79〕又總集類，袁皓《集道林寺詩》二卷〔註80〕。

鄭谷有《贈楊夔》詩二首〔註81〕，云：「江湖休灑春風淚，十軸香於一桂枝」，是夔亦舉進士而不第者也。第一句云「散賦冗書高且奇」。又有《寄贈楊夔處士》詩〔註82〕。

唐末詩人，吾鄉陳陶最有名。其七古在義山、長吉之間，尤麗而有則。顧諸書所記，頗多失實者，今略為正之。馬令《南唐書》〔註83〕：「陳陶世居嶺表，以儒業名家。」陸游《南唐書》〔註84〕：「陳陶，嶺南人，少學長安。升元中，求見烈祖，自度不合，乃隱洪州西山。」《全唐詩》〔註85〕：「陳陶，字嵩伯，嶺南人，一云鄱陽人。」余按：陳陶有《將歸鍾陵留贈南海李尚書》詩〔註86〕，云：「楚國有田舍，炎州長夢歸。懷恩似秋燕，屢繞玉堂飛。越酒豈不甘，海魚寧無肥。山裘醉歌舞，日與初心違。」又《番禺道中作》〔註87〕，亦有「瘴雨」、「蠻江」之感。則陶非嶺表人明矣。陶有《鄱陽秋夕》詩〔註88〕，云：「憶昔鄱陽旅遊日」，則陶亦非鄱陽人也。陶蓋南康人。譚用之有《貽南康

〔註76〕見《全唐詩》卷七百六十三。
〔註77〕見《全唐詩》卷七百六十三。
〔註78〕見《新唐書》卷六十《藝文志第五十》。
〔註79〕「○」，據稿本補，底本作空格。
〔註80〕見《新唐書》卷六十《藝文志第五十》。
〔註81〕見《全唐詩》卷六百七十七。
〔註82〕見《全唐詩》卷六百七十六。
〔註83〕見宋·馬令《南唐書》卷十五《隱者傳第十·陳陶》。
〔註84〕見宋·陸游《南唐書》列傳卷第四。
〔註85〕見《全唐詩》卷七百四十五。
〔註86〕見《全唐詩》卷七百四十五。
〔註87〕見《全唐詩》卷七百四十五。詩云：
　　博羅程遠近，海塞愁先入。瘴雨出虹蛛，蠻江渡山急。常聞島夷俗，犀象滿城邑。雁至草猶春，潮回檣半溼。丹丘鳳皇隱，水廟蛟龍集。何處樹能言，幾鄉珠是泣。千年趙佗國，霸氣委原隰。齟齬笑終軍，長纓禍先及。
〔註88〕見《全唐詩》卷七百四十六。

陳處士陶》詩〔註89〕，云：「丹鳳晝飛群木冷，一龍秋臥九江清。」以同時人
所稱，固當不誤。孫光憲《北夢瑣言》五。云：「大中年，洪州處士陳陶者，
有逸才，歌詩中似負神仙之術，或瞻王霸之略。雖文章之士，亦未足憑。而以
詩見志，乃宣父之遺訓也。其詩句云：『江湖水深淺，不足掉鯨尾。』又云：
『飲冰猿子瘦，思日鷓鴣寒。』又云：『中原不是無麟鳳，自是皇家結網疏。』
又云：『一鼎雌雄金液火，十年寒暑鹿麑衣。寄語東流任斑鬢，向隅終守鐵梭
飛。』諸如此例，不可殫述。著《癖書》十卷，聞其名而未嘗見之。」又計有
功《唐詩紀事》云〔註90〕：「陳陶，唐末布衣。開、寶中人或見之，或云已得
仙矣。」馬、陸《南唐書》皆同其說，且以藍采禾歌實之。余按：杜荀鶴有
《哭陳陶》詩〔註91〕，云：「耒陽山下傷工部，采石江邊弔翰林。兩地荒墳各
三尺，卻成開解哭君心。」以李、杜比況，推挹甚至。張喬亦有《哭陳陶》詩
〔註92〕，云：「先生抱衰疾，不起茂陵間。夕臨諸孤小，荒城弔客還。遺文禪
東嶽，留語葬鄉山。」是陶且有遺言即葬南康矣。荀鶴，大順進士。喬，咸通
進士。皆及見陶之死。則陶之死，蓋猶在五代之初也。陶既通星卜之學，又其
詩自云「已向昇天得門戶」〔註93〕，故世遂以為仙去矣。陳宏緒《江城名跡》
記云〔註94〕：「陳處士園在東湖南岸。陶又嘗自稱三教布衣。」

　　釋齊己《寄懷鍾陵舊遊因寄知己》云〔註95〕：「貞觀上人棲樹石，陳陶
處士在林邱。終拖老病重尋去，得到匡廬死便休。」釋尚顏《與陳陶處士》
詩〔註96〕：「鍾陵城外住，喻似玉沈泥。記得曾邀宿，山茶獨自攜。」釋貫
休有《贈鍾陵陳處士》詩〔註97〕，云：「否極方生社稷才，唯譚帝道鄙梯媒。
高吟千首精怪動，長嘯一聲天地開。湖上獨居多草木，山前頻醉過風雷。吾
皇仄席求賢久，莫待徵書兩度來。」處士蓋亦謂陶。是陶亦曾有徵書而不肯
起也。陶隱居西山最久，故諸家多以鍾陵稱之。貫休有《春寄西山陳陶》詩

〔註89〕見《全唐詩》卷七百六十四。
〔註90〕見宋·計有功《唐詩紀事》卷六十《陳陶》。
〔註91〕見《全唐詩》卷六百九十三。
〔註92〕見《全唐詩》卷六百三十九。又見《全唐詩》卷八百十五，題為《哭張籍司
　　　　業》，乃無可之作。
〔註93〕見《全唐詩》卷七百四十六，題為《答蓮花妓》。
〔註94〕見清·陳弘緒《江城名跡》卷二《考古二》。
〔註95〕見唐·釋齊己《白蓮集》卷九。
〔註96〕見《全唐詩》卷八百四十六。
〔註97〕見唐·釋貫休《禪月集》卷二十一。又見《全唐詩》卷八百三十六。

〔註98〕。齊己又有《過陳陶處士舊居》詩〔註99〕，云：「閒庭除鶴跡，半是杖頭痕」，疑齊己亦及見陶之死矣。

曹松松天復初及第，年已七十餘。《哭陳陶處士》詩〔註100〕云：「園裏先生冢，鳥嗁春更傷。空餘八封樹，尚對一茅堂。白日埋杜甫，皇天無耒陽。如何稽古力，報答甚茫茫。」《野客叢書》「賀知章上升」條云〔註101〕：「此事正如《江南野錄》載陳陶不死，而曹松、方干之徒皆有哭陶詩之類也。」

貫休《書陳處士屋壁》詩〔註102〕：「種蘭清溪東。」注：「處士有《種蘭》篇。」按：此篇云「種蘭幽谷底，四遠聞馨香」，結處云「下有賢公卿，上有聖明王。無階答風雨，願獻蘭一筐」。〔註103〕是陶於仕進之情未能免也。李咸用《讀修睦上人歌篇》云：「李白亡，李賀死，陳陶趙睦尋相次。須知代不乏騷人，貫休之後惟修睦而已矣。」此亦陳陶卒後之詩也。方干有《哭江西處士陳陶》詩〔註104〕，云：「巢父精靈歸大夜，客兒才調振遺風。」是陶之死尚在方雄飛前，豈兩《南唐書》所記陶之事蹟亦多坿會歟？

貫休《杜侯行》序云〔註105〕：「往曾見陳陶與撫州蔡京使君雜言，曰《蔡氏行》。」按：《蔡氏行》今不存。

唐苑咸《酬王維》詩〔註106〕序云：「王員外兄以予嘗學天竺書，有戲題見贈。」又自注云：「佛書伊字如草書下字。《涅槃經》：『何等名為祕密藏？如∴字三點，別則不成。』」《王摩詰集》有《苑舍人能書梵字兼達梵音皆曲盡其妙戲為之贈》詩。然則山西吉文，唐人固頗能通解也。《唐書·藝文志》別集類：「苑咸，京兆人。開元末上書，拜司經校書、中書舍人，貶漢東郡司戶參軍，復起為舍人、永陽太守。」〔註107〕釋貫休《上東林和尚》詩「道祇傳伊字」〔註108〕，此伊亦當是三點伊。開元詔撰《唐六典》，李林甫委苑咸。見《大唐新

〔註98〕見《禪月集》卷八。又見《全唐詩》卷八百二十九。
〔註99〕見《白蓮集》卷三。又見《全唐詩》卷八百四十。
〔註100〕見《全唐詩》卷七百十六。
〔註101〕見宋·王楙《野客叢書》卷十七《賀知章上升》。
〔註102〕見《禪月集》卷三。
〔註103〕陳陶《種蘭》見《全唐詩》卷七百四十五。
〔註104〕見《全唐詩》卷六百五十一。
〔註105〕見《禪月集》卷五。
〔註106〕見《全唐詩》卷一百二十九。
〔註107〕見《新唐書》卷六十《藝文志第五十》。
〔註108〕見《禪月集》卷十四。又見《全唐詩》卷八百三十二。

語》卷九〔註109〕。

徐凝《送日本使還》詩〔註110〕：「天眷何期遠，王文久矣同。」是唐時固以日本為同文之國。

張喬有《送碁待詔朴球歸新羅》詩〔註111〕，是唐時賓貢進士之外，各國人有事於唐者固不少也。又有《送賓貢金夷魚—作「吾」。奉使歸本國》詩〔註112〕，云：「渡海登仙籍，還家備漢儀。」蓋成進士後，即充使也。金、朴皆東方大姓。張籍有《送金少卿副使歸新羅》詩〔註113〕，則新羅王之侍子也。詩云：「久為侍子承恩重，今佐使臣銜命歸。」

章孝標《送金可紀歸新羅》詩云：「登唐科第語唐音」〔註114〕，是可紀亦賓貢進士。○〔註115〕許棠有《送金吾侍御奉使日東》詩〔註116〕，云：「還鄉兼作使，到日倍榮親。」金吾疑即金夷吾。顧況《送從兄奉使新羅》詩〔註117〕：「共散羲和曆」，是唐時新羅亦頒曆也。

唐郎士元有《關羽祠送高員外還荊州》詩〔註118〕。

殷堯藩有《張飛廟》詩〔註119〕。詩云：「威名垂萬古，勇力冠當時。」

〔註109〕唐·劉肅《大唐新語》卷九：
開元十年，玄宗詔書院撰《六典》以進。時張說為麗正學士，以其事委徐堅。沈吟歲餘，謂人曰：「堅承乏已，曾七度修書，有憑準，皆似不難。唯《六典》歷年措思，未知所從。」說又令學士毋煚等，檢前史職官，以今式分入六司，以今朝六典象周官之制。然用功艱難，綿歷數載。其後張九齡委陸善經，李林甫委苑咸，至二十六年始奏上。百僚陳賀，迄今行之。

〔註110〕見《全唐詩》卷四百七十四。

〔註111〕見《全唐詩》卷六百三十八。

〔註112〕見《全唐詩》卷六百三十八。

〔註113〕見唐·張籍《張司業詩集》卷五。又見《全唐詩》卷三百八十五。

〔註114〕見《全唐詩》卷五百○六。

〔註115〕「○」據稿本補，底本作空格。

〔註116〕見《全唐詩》卷六百○四。

〔註117〕見《全唐詩》卷二百六十六。

〔註118〕見宋·王安石《唐百家詩選》卷七。又見《全唐詩》卷二百四十八，題為《關公祠送高員外還荊州》。

〔註119〕見《全唐詩》卷四百九十二，詩云：「威名垂萬古，勇力冠當時。回首三分國，何人賦黍離。」
按：明·史謹《獨醉亭集》卷上《張飛廟》云：
威名垂萬古，勇力冠當時。義釋巴東守，身傾帳下兒。荒祠臨澗壑，高樹擁旌旗。回首三分國，何人賦黍離。

蕭邁有《和王侍中謁張惡子廟》詩〔註120〕：「青骨祀吳誰讓德，紫華居越亦知名。未聞一劍傳唐主，長擁千山護蜀城。」

杜牧之《懷鍾陵舊遊》詩〔註121〕：「微漣風定翠沾沾。」張文昌《寒食》詩〔註122〕：「女郎相喚擺階礢。」「沾」字、「礢」字，字書、韻書均失載。釋貫休《經孟浩然鹿門舊居》詩〔註123〕：「橌深黃狖小。」「橌」字亦不見字書。又《山居》詩〔註124〕：「薜蘿山帔偏能緔。」「緔」字亦罕見。謝靈運《山居賦》自注云：「猛狸之黃黑者似玢。」按：「玢」字字書不收，疑即俗所謂黃斑，亦或謂之黃獺，即貫休詩之黃狖也。

《宋史·交趾傳》：「咸平四年，貢象二、象猘二」。「猘」字字書不載，不知當今何物也。〔註125〕

許詢《農里》詩曰：「耋耋玄思得，濯濯情累除。」《文選》三十一注。

唐常建詩名極盛，唯各書皆不言何許人。今考其集，有《西山》詩〔註126〕，有《第三峰》詩〔註127〕，詩云：「西山第三頂。」有《張天師草堂》詩〔註128〕，蹤跡大抵在江南西道。又《江行》詩〔註129〕云：「鄉園碧雲外，兄弟滌江頭」，以滌江為家，殆吾鄉人也。其《仙谷遇毛女》詩〔註130〕，亦疑為吾鄉毛女峯作矣。又《宿王昌齡隱居》詩〔註131〕，「余亦謝時去，西山鸞鶴群」，西山亦洪之西山也。

戎昱有《送吉州閭使君入道》詩〔註132〕，又有《撫州處士湖》詩〔註133〕。其《贈宜陽張使君》詩〔註134〕云：「暫作宜陽客，深知太守賢」，是昱亦吾郡寓公也。

〔註120〕見《全唐詩》卷六百。
〔註121〕見杜牧《樊川文集》第四。
〔註122〕見《全唐詩》卷三百八十七。
〔註123〕見《全唐詩》卷八百三十。
〔註124〕見《禪月集》卷二十三。又見《全唐詩》卷八百三十七。
〔註125〕按：以上兩則又見卷十九。
〔註126〕見《全唐詩》卷一百四十四。
〔註127〕見《全唐詩》卷一百四十四。
〔註128〕見《全唐詩》卷一百四十四。
〔註129〕見《全唐詩》卷一百四十四。
〔註130〕見《全唐詩》卷一百四十四。
〔註131〕見《全唐詩》卷一百四十四。
〔註132〕見《全唐詩》卷二百七十。
〔註133〕見《全唐詩》卷二百七十。
〔註134〕見《全唐詩》卷二百七十。

韓致光有《贈易卜崔江處士》詩〔註135〕，原注「袁州」字，是江當是袁人。云：「四海盡聞龜策妙，九霄堪歎鶴書遲」，是江當時必有盛名。然其事蹟與箸述均不可考，亦可歎也。〔註136〕

虞喜《志林新書》云：「初，順帝時，琅邪宮崇詣闕上師于吉所得神書於曲陽泉水上，白素朱界，號《太平青領道》，凡百餘卷。」《三國‧吳志‧孫破虜討逆傳》注〔註137〕。

《太平御覽》卷〔註138〕六百三十六。引杜恕《篤論》曰：「聖人之制刑也，當於民心，合於道理。所斷於民者，不行於身，公之也。」此深得天子守法之意。

《萬國興亡史》〔註139〕曰：「一新宗教興，必為舊教所不容。當時美嘉蓋即麥迦。之巫筮及偽先知並所謂大山師者，皆拜偶像，惡謨罕麥德之異己也，力攻之官。吏亦嫉視之，使客行刺。謨罕麥德覺之，亡於麥得。」按：此事《至聖實錄》亦載之，蓋亦幾受耶穌之禍矣。惟其財力不同，故其收效亦易，則時為之也。○〔註140〕《興亡史》又云：「基督教之耶和華上帝，即

〔註135〕見《全唐詩》卷六百八十一。
〔註136〕眉批：「前曾錄此一條，刪彼存此。」
〔註137〕見《三國志》卷四十六《吳書一》。
〔註138〕「卷」，稿本無。
〔註139〕熊月之主編《晚清新學書目提要》（第450頁～451頁）曰：
《萬國興亡史》（日本東京覺民社本）
《萬國興亡史》不分卷篇，略有上古史、中古史之區別，日本松村介石著，日本東京覺民社譯。詳於古代史，略於中古史，而近世史、最近世史則無，古代史不過敘文明之源流，中古史則敘文明發達之由，詳上古而略中古，於歐美文明之先路且未得其要領，何由知彼國之神髓？至於國民之進步、國力之強弱、古今盛衰之故、萬國消長之跡，非研究近世史不能。篇中敘埃及數國之興衰，或一種一族之起滅，即謂備萬國之興廢，似與體例不合。夫一國之建設，必幾經挫折、幾經慘沮而其基乃鞏固而不搖，伊大利之建國，一覆於賈斯卿，再覆於斜爾門，自七百七十四年至千八百七十餘年始藉法援而獨立，一國之興，其經分裂、遭吞噬者蓋千百餘年，拿破崙曰國之興如孩提之行，言自立之不易也。此著記伊之建設僅於紀元七百年前，伊之興廢尚未可定。斯托夫人種在二十世紀其勢固足以稱雄於宇內，然非丁麥二世之後，嗣王之暴虐無道者史不絕書，此著謂非丁麥二世垂有敕語，後王皆遵守弗失，而何以子孫之昏愚，終令豪傑叛離，成諸侯割據之政治耶？數百年有安德紐母西史羅夫起而俄始歸一統，不得謂俄皆賢君也，今日俄之強誠甲於列國，然皆公明自治之力，非其君之德之足以感人也，如謂俄君皆賢，彼無政府黨中又何日日快其刃而思剌其腹耶？
〔註140〕「○」據稿本補，底本作空格。

回教之所謂夏臘。」○〔註141〕又云：「依思拉母。」按：即伊斯剌麼。譯言從神之意。

李仲約侍郎注《元祕史》，採摭極博，晚年尤以全力注之。惟侍郎於地理之學非其專門，故往往不能無誤，此有賴於後人彌縫其失耳。卷十二失必兒，注以為鮮卑之對音，此不誤者也。又引《元史·術赤傳》，「術赤，太祖長子，國初以親王分封西北地，西北二字即失必兒之對音」，此大誤者也。術赤所封，雖為今之俄羅斯地，而今之西伯利地實非當時俄羅斯之所有，何得移東就西，以漢文為譯語乎？若能詳審史籍，補繪輿圖，未嘗不可與何、洪諸家書並傳於後也。

《六藝略·京房易說》云：「月與星至陰也，有形無光，日照之乃有光。喻如鏡照日，即有影見。月初光見西方，望已後光見東，皆日所照也。」《御覽》卷四。按：《禮記》「月生於西」，當以此為注說。

莊忠棫《大易通義》曰：「乾象盈，甲十五日始見於東方也。巽象退，辛十六日晨猶見於西方也。庚兌丙可推言之也。滅藏人不得而見也，言癸以該其數也。」此乃《參同契》即實象以言之也。

碧姓。《池北偶談》云〔註142〕：「予在儀曹時，見宛平人碧某者，吏誤呼作碧，其人不應。問之，曰：『碧音如樊。』此《萬姓統譜》、《奇姓通》諸書所不載。」錢王炯《字學海珠》〔註143〕云：「碧當是礬字之譌。」

錢可盧《說文統釋·自序》云：「取其少而易於書寫，則為丨、丨丨、丨丨丨、川、乂、丅、开、卅、卌。宋司馬光《潛虛》以此代一至九字。取其多而不可改移，則為壹貳三肆伍陸柒捌玖，此委巷之失也。」按：此乃記號之類，非委巷之失。西人數目記號，亦有繁簡兩種，正與此同。〔註144〕

西南苗獞各種，大抵狉獉之舊俗，實有上古之遺風焉。以美洲紅苗、臺灣野番證之，則此殆即支那之原產也。今略列諸家所記，可以知其種別焉。陸次雲《峒谿纖志》云〔註145〕：「苗人，盤瓠之種也，有白苗、花苗、青苗、

〔註141〕「○」據稿本補，底本作空格。

〔註142〕見《池北偶談》卷二十《奇姓》。

〔註143〕錢大昕《潛研堂集》文集卷五十《先大父贈奉政大夫府君家傳》：
府君諱王炯，字青文，號陳人，世居嘉定西鄉之望仙橋。……所著有《字學海珠》三卷、《星命瑣言》一卷。

〔註144〕按：此節刻本無，據稿本補。
另，此條又見稿本第十八、第二十五。

〔註145〕見清·陸次雲《峒谿纖志》卷上《苗人》。

紅苗、黑苗。苗部所衣，各別以色，散處山谷，聚而成寨，睚皆殺人。」「九股苗在隆興、凱里二家〔註146〕。」〔註147〕「宋家、蔡家，春秋宋、蔡二國之後，流而為蠻。」〔註148〕按：此等殆坿會之說，未必可信。「夭苗多姬姓，周後也。尚行周禮，祭祖推其家長，唱土語為贊祝。」〔註149〕「紫薑苗裝束同漢人。」〔註150〕「賣爺苗在白納。」〔註151〕「克孟、牯牛，二種也。處於金築，擇懸崖鑿竅而居。」〔註152〕「里人亦名夭苗，身衣木葉。」〔註153〕「犵兜衣青，左衽，身不離刀。」〔註154〕「狆老與西苗同俗。」〔註155〕又有犿獷苗。〔註156〕「僰人號十二營長。玀鬼、犵狫言語不通，僰人為之翻譯。」〔註157〕「犵狫有花犵、狫紅、犵狫，赤腳善奔，布圍下體謂之桶裠。有打刀犵狫、剪頭犵狫、豬屎犵狫。」〔註158〕直眼犵狫。〔註159〕「黎州蠻，白馬氏之裔，分十一種。」〔註160〕「玀玀本名盧鹿，有黑白二種。黑為大族，深目長身，面黑齒白，故名玀鬼。」〔註161〕「金齒，古哀牢國，其苗人皆九隆之後。」〔註162〕「木邦，一名孟邦。其人多幻術。」〔註163〕「老撾徧體花繡，俗同木邦。」〔註164〕「猺一名奲客，其種有八，是謂八蠻。」〔註165〕「獞人居五嶺之內，冬綴鵞毛木葉為衣。」〔註166〕「獠人亦名山子，處於嶺表海外。」

〔註146〕「家」，稿本、《峒溪纖志》作「界」。
〔註147〕見《峒溪纖志》卷上《九股》。
〔註148〕見《峒溪纖志》卷上《宋家蔡家》。
〔註149〕見《峒溪纖志》卷上《夭家》。
〔註150〕見《峒溪纖志》卷上《紫薑苗》。
〔註151〕見《峒溪纖志》卷上《賣爺苗》。
〔註152〕見《峒溪纖志》卷上《克孟牯牛》。
〔註153〕見《峒溪纖志》卷上《里人》。
〔註154〕見《峒溪纖志》卷上《犵兜》。
〔註155〕見《峒溪纖志》卷上《狆老》。
〔註156〕見《峒溪纖志》卷上《犿獷》。
〔註157〕見《峒溪纖志》卷上《僰人》。
〔註158〕見《峒溪纖志》卷上《犵狫》。
〔註159〕見《峒溪纖志》卷上《豎眼犵狫》。
〔註160〕見《峒溪纖志》卷上《黎州蠻》。
〔註161〕見《峒溪纖志》卷上《玀玀》。
〔註162〕見《峒溪纖志》卷上《金齒》。
〔註163〕見《峒溪纖志》卷上《木邦》。
〔註164〕見《峒溪纖志》卷上《老撾》。
〔註165〕見《峒溪纖志》卷上《猺人》。
〔註166〕見《峒溪纖志》卷上《獞人》。

〔註167〕「蜑人又曰龍戶，又曰崑崙奴。祭蛇神。」〔註168〕「馬人居林邑，伏波戍卒之遺也。深目貑〔註169〕喙。」〔註170〕按：此則非中原之種也。當緣馬留二字而譌。「狼人多在南丹三州。」〔註171〕「犹〔註172〕人生崛巇中，形如猿猱，語咿嚘不可辨。」〔註173〕「斑衣山子一曰莫猺。」〔註174〕「狑人生廣西奧谷中，狀如猩狒。」〔註175〕黎人。〔註176〕遏黎食父母。〔註177〕黃纘《曾滇行紀程》云：「貴西苗九種，大約垂髻垢面，語言與黔人不同。」陸祚蕃《粵西偶記》云〔註178〕：「賓州諸處，土夷有猺、獐、狑、狼四種。狑人最巧，可買為僮僕。狼婦獨美，嘗繡衣騎牛入市貿易。猺有板猺、箭猺，不下十數種，更有一種號山子，喜獵，不賦不役，食盡則徙。」吳震方《嶺南雜記》云：「潮之西北有輋戶者，男女椎髻跣足，依山而處，以射獵為主。舊常設官以治之，曰輋官。」「蜑戶有三種：魚蜑取魚，蠔蜑取蠔，木蜑伐山取木。」「獠，蠻之別種。隋唐為患嶺南。然是時不言有猺，宋以後又不言有獠，意一種而隨代異名也。」「獞與猺異類，而桀驁性同。花衣短裳，鳥言獸行。產自湖南溪峒。先入廣西延，至廣東，與猺為儔。」「粵有猺種，出於〔註179〕五溪之蠻。」〔註180〕《番禺雜編》云：「黎人在海南山洞中。熟黎亦供州縣之役。」陳鼎《滇黔紀遊》云〔註181〕：「黔省苗蠻甚多，有花苗、東苗、西苗、牯羊苗、青苗、白苗、谷藺苗、紫薑苗、平伐苗、九股黑苗、夭苗、紅苗、生苗、羅漢苗、陽洞苗、黑白玀玀、八番苗、打牙犵狫、剪頭犵狫、木狫、犰家苗、土人苗、

〔註167〕見《峒溪纖志》卷上《獠人》。
〔註168〕見《峒溪纖志》卷上《蜑人》。
〔註169〕「貑」，《峒溪纖志》作「鮫」。
〔註170〕見《峒溪纖志》卷上《馬人》。
〔註171〕見《峒溪纖志》卷上《狼人》。
〔註172〕「犹」，《峒溪纖志》作「犹」。
〔註173〕見《峒溪纖志》卷上《犹人》。
〔註174〕見《峒溪纖志》卷上《斑衣山子》。
〔註175〕見《峒溪纖志》卷上《狑人》。
〔註176〕見《峒溪纖志》卷上《黎人》。
〔註177〕《遏黎》：「遏黎生婺嶺以北，椰瓢蔽體。父母過五十則烹而食之，云葬於腹中，謂之得所。」
〔註178〕見清‧陸祚蕃《粵西偶記》。
〔註179〕「出於」，《嶺南雜記》作「古長沙黔中」。
〔註180〕以上均見清‧吳震方《嶺南雜記》卷上。
〔註181〕見清‧陳鼎《滇黔紀遊》，清康熙說鈴本，（《四庫全書存目叢書》史部第255冊，第21頁）。

犴獷苗、蠻人苗、楊保苗、狗耳龍家苗、馬燈龍家苗、獉人、狪人、宋家、蔡家，共三十餘種。宋、蔡、馬燈籠家，乃戰國時楚伐宋、蔡、龍三國，俘其民，放之南徼，流而為苗，知中原禮義，衣服、祭祀、婚嫁一稟於周。狆家最惡而險，通漢語，知漢書。」《世界地理》云：「中國有拜物教，崇拜一切自然物，如苗民之族即信此教。」〔註182〕

白香山《寄獻裴令公》詩〔註183〕，自注：「蒲萄酒出太原。」

《夢溪筆談》：二十五。「潘閬坐盧多遜黨，亡命，捕跡甚急，乃變姓名僧服入中條山」云云。是閬為浮誕人，不得為高士也。〔註184〕

王建有《贈索暹將軍》詩〔註185〕。索暹姓俟攺。

〔註182〕按：此節又見卷三十四。
〔註183〕見《全唐詩》卷四百五十七《寄獻北都留守裴令公》。
〔註184〕按：此條刻本無，據稿本補。
　　　　眉批：「潘閬條」，即卷二十六「宋潘閬有《逍遙集》」一條。
〔註185〕見唐·王建《王司馬集》卷五。

附錄一:《純常子枝語》序跋

汪兆銘序

　　去歲五月,龍君榆生為余言,文芸閣遺著《純常子枝語》及他稿皆在徐君行可處。徐君現寓漢口,頻年喪亂遷徙,幸能葆存。然若能錄副付印,公之藝林,尤為盛事。余因以此意告知張君範卿,以商徐君。竟得原稿,攜至南京。陳君人鶴謀鋟之版,李君需秋躬任校勘,極審慎。閱歲餘,始竟事。李君為余言,文氏稿本都四十冊,封面冊數皆其手署,實為最後足本。《昭萍志略》云三十二卷,非其全也。間有為人傳抄,或二十餘冊,或九冊,非初稿,即零帙,均不如此本之完備。惟稿似未經寫定,其中各條,頗多復見。有議為之整理然後付印者。然所謂整理,縱極慎重,終不免以意為之,其有當於著者之意否,未可知也。故決一仍原稿,不加更易,俾讀者各以意得之。僅於顯知為訛奪字,且有書可檢對者,始為校正之而已。此為校印始末,爰識數語,慶芸閣遺著得公於世,並以謝榆生、范卿、行可、人鶴、需秋諸君之勞焉。中華民國三十二年五月汪兆銘謹識。

余與文公遘相識票知茲閣足有此書也先皆博覽多聞於此見其用力之勤古今學者罕有得目於兩歲余曾讀書於此尾龍近年籲華之齋以無版耳襄年於林迪師文所定此幾觀十餘目欲其捃椎弘通有所貢復印筆衍目記旋居公博為鈙此本以初印大冊喜而識之　甲年反

序
去歲五月龍君榆生為余言文芸閣遺著純常子枝語
及他稿皆在徐君行可處徐君現寓漢口頻年喪亂遷
徙幸能葆存然若能錄副付印公之藝林尤為盛事余
因以此意告之張君范卿以商徐君竟得原稿攜至南
京陳君人鶴謀鋟之版李君為余言李君需秋耑任校勘極審慎閱
藏儻始竟事李君為余言文氏稿本都四十冊封面冊
數皆其手著實為最後足本昭萍志署云三十二卷非
其全也閒有為人傳鈔或二十餘冊或九冊非初稿即
著帙均不如此本之完備惟稿似未經寫定其中各條卽

純常子枝語卷一

蕭鄉文廷式撰

于謹爲三老稱未從繩則正后從諫則聖 本朝朱文
正對 世宗稱有言逆心必求諸道有言遜志必求諸
非道此皆梅頤尚書之精義不可以其僞而廢之
西洋用復星年故所重在簡氣中國用太陰年故所重
在朔望此根本之不同者也既重朔望以二十九日三
十日爲一月則平分二十四氣以一十五日二十一刻
八十四分奇爲一節亦所以便民事也授時歷明知定
氣而仍以恆氣注歷者蓋卽此意江愼修力主西學以

頗多槩見有義爲之整理然後付印者然所謂整理縱
極慎重終不免以意爲之其有當於著者之意否未可
知也故決一仍原稿不加更易俾讀者各以意得之僅
於顯知爲沈等字且有書可檢對者始爲校正之而已
此爲校印始末凡蒐集數語聊書之得公於世并
以謝楡生范鄰可人鶴需秋諸君之勞焉

中華民國三十二年五月汪兆銘謹識

張仁蠡跋

右《純常子枝語》四十冊，萍鄉文道希先生廷式所自屬稿也。先生一字芸閣，純常子又其自號，故以題茲稿冊。先生以咸豐六年生，卒於光緒三十年，年四十有九。應光緒八年壬午北闈，登榜選，以十六年庚寅恩科成進士，授編修，未幾擢為侍讀學士。二十二年丙申，為虞山楊莘伯崇伊揭參落職。南歸不數年，遂歿世矣。先生少長嶺南，得從陳東塾先生問業，才名與費屺懷念慈、江建霞標相等侔，而文筆勁警，詩備眾體，詞尤隱秀。遺箸已印傳者，有《補晉書藝文志》、《雲起軒詞鈔》。有其書見之時人稱述而未及目睹者，為《中興政要》暨《雲起軒詩錄》；書未刊布而已見手跡者，此書而外，別有《黃帝政教考》、《伊尹事錄》；其屬稿成否莫可訪詢者，則為《氏族略考》、《軒轅氏徵文》、《環天室日記》三書。又據此書撮錄所擬纂輯者，有《三代會要》、見第二冊師說條。《黃帝政教考》、《軒轅氏徵文》《伊尹事錄》當為此書別出者。《群經撰句例》、見第七冊經義《論語》條。《全上古三代秦漢三國南北朝文輯補》、見第十冊論嚴鐵橋是書條下。《天下各國古今字樣》，見第二十六冊論外國文字條。要多僅有題號，而天不假年，未竟其志也。此書隨手編寫，分冊先後時日間有可稽，而部居雜廁，未為定箸。其參據繁博，大小畢宣，於古今中外政教學術，靡不有所論列。王壬秋《湘綺樓記》目為雜家之流，其以此乎？先生他書為所知見者，都非巨帙，則其畢生精力咸萃是書。以與洪景盧《五筆》、王深寧《紀聞》、顧寧人錢辛楣《日知》《養新》二錄相絜比，又如驂之靳矣。辛巳歲杪，仁蠡承雙照樓主人之命，就武昌徐行可恕先生訪求是書，並獲見《黃帝政教考》、《伊尹事錄》各一冊。徐君自言致書之由，乃於民國二十年間得自湘潭彭子英，子英則得之於龔夫人所者。維時武漢大學方謀築館聚書，有以是書求售者，拒未之收，乃由羅田王季薌先生葆心之介，走千里，斥鉅資得之。其後徐積餘乃昌，南陵人，文先生門下士，嘗校刻《雲起軒詞鈔》。復介葉遐庵恭綽購求是書，將以合諸所藏文氏書稿，余未之見云。道希先生歿世垂四十年，遺稿陳湮，世鮮知聞，今幸於主人篤舊甄微之餘，復承徐君許於代錄副本歸之後，以手稿本分讓，用遂留真之願。因先為覆寫《黃帝政教考》、《伊尹事錄》以進。今歲夏曆三月二十有八日為主人六十生日，謹奉斯手稿以為駢福之祝。蓋必壽世之作為與壽人之頌相符應也。猶冀他日獲與葉氏篋衍所藏並歸插架，同付剞劂，蔚成巨帙，留藝林之嘉話，慶秘籍之流傳，則闡幽稽往之盛與眉壽無害之詠，有足為今世慶者！庸獨仁蠡以得讀道希先生手跡三種，私幸墨緣而已哉！中華民國三十一年壬午四月南皮張仁蠡謹識於漢口五花賓館。

啟純常子枝語四十冊萍鄉文道希先生手寫所
自屬稿也先生一字芸閣純常子又其自號故以
題諸稿冊先生以咸豐六年生辛於光緒三十年
年四十有九應光緒八年壬午此闈登榜選中
六年庚寅恩科成進士授編修未幾擢為侍讀學
士二十三年丙申為雲山楊萍伯崇伊揩參庶職南
歸不數筆逐歿世矣先生少長嶺南得從陳東
塾先生問業才名與夢岅懷（含意）江建霞橒相等
伴而文筆劬警詩備眾體詞忠隱秀遺箸已
印傳者有補晉書藝文志雲起軒詞鈔有
其書見之時人稱述亦未及目覩考為中興政要
暨雲起軒詩錄書未刊布而已見手跡者

3395

此書而外別有黃帝政教考 伊尹事錄 其序

稿咸否莫可訪詢者 別為民族略考 辭韓氏徵文

環天宦日記三書又撮此書撮錄所撰參輯書

有三代會要 之第二冊師從保善秦口裁後所錄氏
　　　　　微又伊尹事錄三經音為此書別出者 群經撰甫

例見方七冊征 全上古三代秦漢三國南北朝文輯補
　　義編評儒　　　　　論外國文字傳
見草十冊征　天下各國古今字樣　　　見市三十六冊 要多
錢揚是書係下　　　　　　　　　　　　　　　　要多

僅有望晚而天不假年未竟其志也此書隨手編

寫分冊先後時日間有可稽而郡居靡厠尠為

宦箸其參撰摹博 大小畢宣於古今中外政教

孛術廉正有所編別王壬秋湘綺撰記目為雜家
　之流其以此年先生他書為所知見者都非鉅帙

別見畢生揣力咸革考書以與洪景盧五筆

3396

王深寧記閩詔守人錢芊楣曰知君新二錄相
索比又如賒之靳矣章之歲抄在某郡
復照核之人之命就武昌徐行可慰先生訪求是
書并復見黃帝江趙改伊吳事錄各一冊徐君自
言致書之由乃於民國三十年間得自湘潭劭子英
子英別得之於冀夫人所者維時武漢大學方謀築
館需書有以是書求售者指末之收乃由羅田王季薌
先生恭心之介走千里示鉅貲得之其後徐錄餘
乃昌南後人文先生門下　後介業遜庵善偉編求是書將
士嘗枝刻牽逆斜訂鈔
以合諸所藏文民書稿余未之允云道希先生
歿世裏甲年遺稿沈湮世鮮知閩今幸於
主人篤舊飄微之餘後承徐君許於代錄刻本

3397

歸之後以手稿本分讓用遺留吾之願因先

為覆寫黃帝政教改伊甲事錄入進⋯⋯歲夏

歷三月三十有五為

主人六十生日謹奉斯手稿以為歸祝之礼盖

必壽世之作為與壽人之照相符廬也獨異他日

藏與葉氏醫衍所藏并歸插架同付剞劂蔚

成鉅帙留藝林之嘉話廣⋯⋯第之流傳別圖

幽稽往之盛與眉壽⋯⋯實之詠有足為壽世慶

者庸詎⋯⋯以得讀通希先生手簿三種移幸

墨緣而之我

中華民國三十一年壬午四月　南皮張⋯⋯漢識於漢

□五元室□

錢仲聯序

晚清學者開派標宗者，文芸閣、王半塘、朱古微巍然鼎峙，稱巨匠。然以詞人而為學人，並身繫政局之重者，則獨推芸閣。芸閣名廷式，字道希，江西萍鄉人。德宗朝，慈禧持國柄，國勢益衰。芸閣為瑾、珍二妃之師，緣是為德宗所知。光緒庚寅成進士，殿試一甲第二名及第，出帝傅翁同龢門。官編修，擢侍讀學士。屢上封事論時政。甲午中日戰起，芸閣陰助同龢主戰之議，為忌者所中，罷官。戊戌政變，幾陷不測，東走秋津洲，為彼洲學者內藤虎諸君所重。返國後，益佗傺不自聊。以光緒甲辰歿於萍鄉。年才四十有九。

芸閣博學強識，四部俱深入其奧，王湘綺號以雜家。然雜家者流，固劉、班所謂兼儒、墨，合名、法，知國體之有此，見王治之無不貫者。《呂氏》、《淮南》，久為世重，殊不足以貶芸閣也。

芸閣遺稿《純常子枝語》四十冊，舊為徐行可所藏。癸未歲，汪氏雙照樓始為鋟板行世。李佩秋董校訂之役。此巨帙，芸閣殆未最後釐定，故次第較亂。刊行時，胥存其本真。板庋金陵，歷經滄桑，中有散失。近歲廣陵古籍刻印社始歸其板於維揚，整理重印，補雕其缺，亦並撰索引，為分類探究之便。讀者於此捨其糟粕，擷其精英，則此書之有禆於論古者非尠。

印成，囑余片言弁首。余惟《枝語》全書，闡說經傳，論證九流，校訂文字，評品詩詞，記述朝章國故、士林交往、域外見聞，旁涉釋藏道笈、耶回之書、天步曆算之學，下及《疑龍》、《撼龍》之流，可謂沉沉夥頤。方之往古，蓋伯厚、亭林、辛楣諸家之亞；求之並世，較沈乙庵《海日樓札叢》，雖精湛或遜，而廣博差同。朱古微《望江南》詞《題芸閣詞集》，謂其「拔戟異軍成特起，非關詞派有西江，兀傲故難雙」者，推許雖至，僅域於詞爾，固未足以概芸閣之全也。

芸閣所著，《枝語》外，雜記零種曾載於《青鶴》雜誌、《同聲》月刊，番禺葉氏曾刊其《遺詩》，南陵徐氏刻其《雲起軒詞鈔》於《懷豳雜俎》中，江寧王氏又影印其手寫詞稿。其生平行誼，見沈乙庵撰《文芸閣墓表》、《昭萍志略·人物志》本傳及拙撰《文廷式年譜》，知人論世者可取資焉。

一九七九年四月，錢仲聯序於江蘇師範學院

序

晚清學者開派標宗者文芸閣王半塘朱古微魏然鼎
崎稱巨匠然以詞人而為學人並身繫政局之重者則
獨推芸閣名廷式半道阶江西萍鄉人德宗朝慈
宗所知光緒庚寅成進士殿試一甲第二名及第出帝
午中日戰起芸閣陰助同龢主戰之議為忌者所中罷
仰蒙同龢門官稿修撰侍讀學士殿上封事論時政甲
官戊戌政變戕陷不測東走秋津洲為彼洲學者內藤
虎諸對所重返園後益侘傺不自聊以光緒甲辰殁於

序

一

淬鄉年才四十有九芸閣博學強藏四部俱深入其奧
王湘綺號以雜家然雜家者流固劉班所謂兼儒墨合
名法知國體之有此見王治之無不貫者呂氏淮南久
為世重殊不足以貶芸閣也芸閣遺稿純常子枝語四
十冊爲爲徐行可所藏癸未歲汪氏雙照樓始爲鋟板
行世李佩秋董校訂之役此巨帙芸閣殆未最後釐定
故次第紊亂刊行時啓存其杰與板度金陵歷經澄桑
中有散失近歲廣陵古籍刻印社始鱗其板於維揚當
理重印補雕其缺本并撰索引爲分類探究之便讀者
於此捨其櫝粕類其精英則此書之有裨於論古者非

鈔印成蜀余片脔并首余惟校語全書闡說經傳論証
九流校訂文字許品詩詞記述朝辛國故士林交往坳
外見闇務涉釋藏道笈耶回之轡天步歷算之學下及
疑龍掫龍家之流可謂沉沉彩頤方之往古董伯芎林
辛榴諸家之亞求之並世較沈乙庵海日樓札發雖精
湛或遜而廣博差同朱古微望江南詞題芸閣詞集詢
其拔戕異軍成特起非闊詞派有西江兀傲故雜雙愛者
推許雖至僅域於詞爾固未足以概芸閣之全也芸閣
所著枝語外雜記零種曾載於青鶴雜誌園聲月刊番
禺蔡氏曾刊其遺詩南陵徐氏刻其雲起軒詞鈔於燃

序

二

幽雜俎中江寧王氏又影印其乎寫詞稿其生平行宜
見沈乙庵撰文芸閣墓表昭薛志略人物志本傳及雜
文廷式年譜知人論世者可取實焉

一九七九年四月錢仲聯序於江蘇師範學院

1

附錄二：文廷式傳記資料

沈曾植《清翰林院侍讀學士文君雲閣墓表》[註1]

　　光緒三十年甲辰夏，萍鄉廿竭。越八月，星實於文氏之宮，有光赫然。庚午，服集其舍，故翰林侍讀學士文君雲閣卒於里第。故無疾也。日晡時，作書與陳伯嚴、王木齋。已而進粥，粥罷就寢。夜中胸悶上氣，姬某按抑定，揮手曰：止。遂瞑。君於幽明晝夜之故，貞觀洞明其去來，宜有大遠恒常者。一旦灑然竟逝。嗚呼！超化所及，豈常識所能臆測哉！

　　余以文字言議與君契，相識廿年，上下古今，無所不盡。嘗竊以為先漢微言，東京緯候，魏晉玄風，宋元儒理，以君識學所積，專精一業，無不足以名家。顧君以資平議而已，終不屑屑纂述。君才於史部為尤長，窮其所至，亭林、竹汀，不難鼎足。晚頗亦有意於是，而日薄崦嵫，盛業不究，竹帛所存，千百什一。嗚呼！其命也已！

　　君所論內外學術，儒佛玄理，東西教本，人才升降，政治強弱之故，演奇而歸平，積微以稽著，於古學無所阿，今學無所阿。九州百世以觀之，嗚呼，豈得謂非有清元儒，東洲先覺者哉？後世絕學復昌，當有貴君如吾言者。

　　君生咸豐丙辰，卒光緒甲辰，年四十九歲。其敭歷，則光緒壬午科順天鄉試舉人，庚寅科一甲第二名進士，授職編修。乙未歲大考翰詹，一等一名，擢侍讀學士。以盛名抗直，為忌者中之，罷官。戊戌政變，幾陷不測。及今歲

〔註1〕（清）沈曾植《海日樓文集》，廣東教育出版社 2018 年版，第 210 頁。

恩詔曠蕩，大臣或議起君官，而君逝。至君行事，當在國史，非尺碣所能詳於概，言其大者。

銘曰：山有夷兮川竭，至人不再兮至言不滅。穹壤矢之，有如皎日。

胡思敬《文廷式傳》〔註2〕

文廷式，字芸閣，號道希，江西萍鄉人。初以舉人入京會試，即負才名，與王懿榮、張謇、曾之撰稱四大公車。庚寅舉進士，翁同龢得其策卷，置一甲第二，聲譽噪起。假歸，道出天津，李鴻章大加禮遇，資贈甚豐腆。及甲午假滿還朝，夷禍初起，主戰，反劾鴻章畏葸，挾夷自重。鴻章嗛之，欲中以奇禍。盛昱聞其謀，勸令少避。乃乞假回籍修墓。

上海道劉麒祥，鴻章姻黨也。聞其來，迎入署中，備極款洽。臨別，失行裝四篋，麒祥為緝獲之，扃鑰完好如故。及歸啟視，他貴重物具在，唯亡去奏稿二冊，中一疏語涉離間，甫脫草，未上也。麒祥得之，大喜，以獻鴻章。鴻章密白太后，且授意御史楊崇伊劾之，遂削職。

始，珍妃、瑾妃幼時，隨父任居廣州，從廷式受學。甲午大考翰詹，上親擢廷式第一，由編修遷翰林侍讀學士，二妃力也。康有為戊戌入都，過上海，得廷式密劄數通，交通宮禁，約事成援之出山。事覺，密旨令江西捕治，逸去，不知所之。

龍顧山人《十朝詩乘》卷二十二《文芸閣》〔註3〕

文芸閣學士以第二人及第，廷對卷「閭閻」誤作「閻面」，當加黃簽。而翁文恭力拔之。經御史劉綸襄論劾，讀卷大臣俱罰俸。迨大考翰詹，文恭復與覆閱。其日記云：「禮邸、孫萊山傳旨細看，除第一及另束五本勿動外，餘均可動。奏事太監傳旨，亦然。」其預定第一者，即芸閣卷也。或云芸閣為珍、瑾二妃師，妃頗為延譽，以此膺上眷。葉鞠裳學使《大考》詩云：「殿前珠玉落揮毫，閬苑清班數鳳毛。授簡終童麟木對，侑觴貴主《鬱輪袍》。似聞司馬由揚意，又見樊姬薦叔敖。沈宋新詩樓下進，宮闈玉尺正親操。」即紀其

〔註2〕民國‧閔爾昌《碑傳集補》卷九。

〔註3〕（清）龍顧山人纂；卞孝萱，姚松點校《十朝詩乘》卷二十二，福建人民出版社 2000 年版，第 902～903 頁。

事。「楊意」兼謂聞監也。李文正夙持清議，芸閣嘗遊其門，且先世有鄉舉同年之誼，尤相引重。文正薨，芸閣賦詩輓之，序云：「甲午、乙未間，國事危急。公不恤下問，凡所議論，公每是之。丙申正月，余以小疾，乞假數日，公自園退直，即遣人問曰：『果有疾耶？斷勿續假。』蓋知余意欲求去也。旋被劾，語侵公，迄未敢通問。比於邸鈔見飾終之典，遂作此詩。」當日推挹綦殷，固不僅師生文字之契。其詩曰：「昆閬昭玉英，流采發龍衰。豐條能霰雪，要在植德本。孰是更治亂，終始篤款悃。尚書果邦彥，巋若鳳立巘。綠圖授神哲，赤縣洗昏煇。執持魏國琦，風度江夏琬。盡言夙所受，一跌志愈勉。西園公賣鬻，北寺內排捩。妖氛起海壖，釀亂始闈苑。老成與謀議，王臣仗忠蹇。狐裘政多門，唐棣偏其反。國論時見接，衰淚猶在吻。遠猷遜謝安，諒節符卞壺。三古不可作，學校廢已遠。謬思追周文，賓至我乎館。滌恥誓嘗膽，觸邪或裂眥。幾同范滂錮，終賴如晦斷。修門去俄頃，別抱未及款。碩德不憖遺，仰視白日短。百年論相術，黃髮務恪謹。屹然守正道，帝鑒公繾綣。祝宗久有祈，況乃乘真返。魏闕空崢嶸，涕灑馬足腕。神州竟安屆，中宵歎微管。」讀者可以覘朝局焉。芸閣及第時，赴禮部恩榮宴。故事當叩拜，芸閣力言，古者拜非稽首，引《說文》字義與禮部曹司辯，卒行三揖禮。徐蔭軒相國掌院，欲傳三鼎甲，諭責之，亦不果。酉年來沿襲文物，是時已芻狗視之矣。

陳三立《文芸閣學士同年挽詞六首》〔註4〕

病起看雲過，書來對淚垂。八月二十八日得王木齋書，報君噩耗。

車船初躍去，骨相亦奚為。

士有摧傷死，天餘慘澹窺。

還家渾是客，海色引孤兒。君之子公達方羈上海。

握槊隨鄉隊，鳴鞭蹴國門。

狂言人盡避，大嚼日相存。

江海空能返，魚龍不可捫。

當時矜爪觜，兩兩倒歌尊。

果慶得人盛，聲名為帝知。

〔註4〕陳三立著，李開軍校點《散原精舍詩文集》，上海古籍出版社2014年版，第132頁。

張華陪禁近，陸贄職論思。

感激維危局，蒼黃斬亂絲。

獨憐顏咫尺，瀝血摘奸欺。

元禮終亡命，邠卿辱大儒。

孰傳鍾室語，幾索酒家胡。

禍釁機先伏，煙濤夢自孤。

光芒接三島，君曾遊日本。留得口中珠。

流略久湮淪，群喧妒道真。

校文向歆後，隨筆孔洪鄰。

雙樹從微喻，孤篷更暫親。

枕中宗教記，搜證恐無倫。今歲四月，與君由南昌同舟抵金陵，得閱所著雜記，中有述宗教數卷，可謂奇作。

陳次亮。劉鎬仲。恨俱逝，汝亦蛻江山。

鄉國數群彥，緇塵懸舊顏。

仰天成嘆嗟，託世化戎蠻。

衰疾吾安適，含悽祇閉關。

八指頭陀《挽文芸閣學士三首》〔註5〕

宣室猶聞訪逐臣，可憐才大不謀身。

西江煙月空千頃，內翰文章第一人。

待漏苦吟雙闕曉，拂衣歸釣五湖春。

秋風一夜瓊枝折，落日孤雲亦愴神。

十五年前碧浪湖，展重陽會記還無？

侍郎白髮曾攜酒，野寺黃花共飯菰。

滬瀆停雲勞憶汝，瀟湘落月渺愁吾。

淒涼舊社幾人在？支許神交老益孤。丙戌秋，郭筠仙侍郎於長沙碧浪湖作展重陽會，一時英耆俱集，公與余均與斯會。去年，公在滬上作《懷人》詩，尚齒及余。

空岩木落氣蕭森，感舊哀時益苦吟。

〔註5〕《八指頭陀詩續集》卷五。釋敬安著，段曉華校點《八指頭陀詩文集》，上海古籍出版社2016年版，第316頁。

滄海難填精衛恨，白雲回望故人心。

中年沉醉非關酒，上國和戎欲鑄金。時美人請易金鎊為款。

君到九泉應痛哭，老禪猶自淚沾襟。

八指頭陀《再挽文學士五絕句》〔註6〕

痛哭東林黨禍餘，朝衣典盡尚收書。

平生亦病文園渴，不向長門獻《子虛》。

一笑投簪返舊林，蒼涼時事鬱孤襟。

可憐頭白匡山裏，誰諒孤臣去國心？

曾入空王不二門，文人慧業自長存。

諸天花雨紛紛落，獨有維摩默不言。

人間何處可安禪？劫火焚燒海欲然。

兜率天中猶有漏，好歸佛國證金蓮。

回觀三界事無窮，都付浮漚一笑空。

坐斷死生來去路，青山原在白雲中。

夏敬觀《文芸閣學士挽詞》〔註7〕

契合由明主，人將拔薤驚。

疏麻看盡折，長夜苦難明。

蜀道鵑常叫，華亭鶴不鳴。

迎憂仍地下，急鼓黝重城。

路人空欲籍，逐魯聖何傷。

終是文章伯，能裁子弟狂。

夢攀雲漢側，光隲帝星傍。

為問南遷客，誰聞舜樂張。

避怨逢庚子，成名許顧雍。

〔註6〕《八指頭陀詩續集》卷五。釋敬安著，段曉華校點《八指頭陀詩文集》，上海古籍出版社2016年版，第316頁。

〔註7〕夏敬觀《忍古樓詩》卷一，中華書局1937年鉛印本。

年齊諸弟列，哭向寢門同。

永歎珠沉海，還疑轡遍風。

詩騷多草木，盡入輓歌中。

嚴復挽文芸閣聯〔註8〕

蘭以香而焚，膏以明而煎，同彼龔生，天年競夭；

有拔使之起，孰擠使之止，嗟我子敬，人琴俱亡。

王存善挽文芸閣聯〔註9〕

追思往事，感不絕于予心，同學少年，北邙過半，曹子桓有言「既痛逝者，行自念也」；

殷憂傷人，士固憎茲多口，文章千古，東海流傳，韓昌黎所謂「動而得謗，名亦隨之」。

楊士奇挽文芸閣聯〔註10〕

凌雲獻八斗才，東觀校讎，誰教憎命文章，翻為海外乘槎客；

乘風破萬里浪，南州冠冕，並惜明時鼓吹，剩有人間折桂詞。

〔註8〕吳恭亨《對聯話》（第155頁），評曰：「按：此作淋漓嗚咽，有天馬行空之神駿，非萍鄉學士，不足當此。」

〔註9〕吳恭亨《對聯話》（第176頁）：

清萍鄉文芸閣以高科美才擅名一時，旋因授書某妃嫌疑，擯不用。其卒，王子展存善挽之聯云：（略）《林下筆記》稱其情文並茂，風格尤超，洵為知言。

又，徐兆瑋《棣秋館日記》（《徐兆瑋日記》第2067頁）：

民國九年一月三十一日：

一月三十日《小時報》載萬家奇《嵩靈聯話》云：……又云：文芸閣才名籍甚，冠絕一時，惜不得志而死。其友人王某挽以聯云：（略）情文並茂，文格尤超，洵傑構也。二則均可入予聯話。

〔註10〕清‧李伯元《南亭四話》卷五《莊諧聯話》（第303頁）：

文芸閣學士廷式，於今年八月歿於萍鄉珂里，其公子甫旋滬設奠於壽聖庵。

楊杏城京卿士奇挽以聯云：

（略）

王子展觀察存善亦挽以聯云：

（略）

夏承燾《文芸閣先生年譜序》〔註11〕

錢子夢苕著《文芸閣先生年譜》成，郵以示予曰：「文先生詞人也，子宜為之序。」予受讀數過，不敢以弇陋辭。

昔張之洞為讀史絕句，有曰：「射策高科語意差，金杯勸酒顫官花。斜陽宮柳傷心後，成就詞壇一作家。」論者謂其擬芸閣為張于湖，蓋以詞人小之。予謂之洞殆未覯芸閣之論詞人耳。芸閣嘗自敘其詞，以照天騰淵，溯古涵今，騁八極，綜百代，為此道之極致。以其所稱，坡、稼以外，難為餘子，詞人何損乎芸閣哉！

芸閣身丁桑海，鬱積奇抱，其詞滂沛綿邈，非淺率者所能窺。錢子鉤沉出幽，使其墜緒眇論，往往得印證於其詞，即其詞，彷彿見芸閣之學之全焉。

昔吾鄉水心先生，嘗稱陳龍川每成一詞，輒自歎曰：平生經濟之懷，略已陳矣。今讀其《中興論》、上孝宗諸書，議論固無異乎其詞也。芸閣之學，不知視龍川何若。要不得但以于湖之科第擬之。讓錢子譜，乃知芸閣之所以為詞人，蓋非之洞所能重輕。之洞之論，固不足以盡芸閣，亦烏足以盡詞人哉！

一九四七年四月夏承燾書於西湖羅苑。

《蓬楚齋續筆》卷十〔註12〕

光緒廿年，歲在甲午，翰詹大考，萍鄉文芸閣學士廷式得一等第一名。合肥蒯禮卿京卿光典炯知其源委，心不能平，語人曰：「某年玉皇大帝考十二屬，兔子取了第一，大眾莫測究竟，那知月裏嫦娥在玉皇大帝處遞了條子。」聞者咸為之噴飯。草野傳聞，說者謂考試之日，德宗景皇帝親書一條，交閱卷官，文云：「文廷式不許入二等，崔國因不許列三等。」國因亦果於是考革職。德宗景皇帝瑾妃、珍妃，原係同胞姊妹，他他拉氏，滿州鑲黃旗人□□侍郎長敘女，志文貞公銳之妹。瑾妃於宮內屢有乞請，珍妃尤有寵於德宗景皇帝。學士館於志文貞公家，兩妃從之讀書，因是代為請求，推此屋烏之愛。本年十月，兩妃特奉孝欽顯皇后懿旨，以近來習尚浮華，屢有乞請之事，均著

〔註11〕夏承燾《詞學論札》，《夏承燾集》第 8 冊，浙江教育出版社 1998 年版，第 250 頁。
〔註12〕第 621～622 頁。

降為貴人，云云。海內人士，益信當時之事，人言嘖嘖，確有原因，非齊東野語可比也。

附錄三：相關評論資料

張舜徽《純常子枝語跋》 [註1]

文芸閣《純常子枝語》四十卷，往歲嘗於武昌徐行可先生處見其稿本，未遑涉覽也。自一九四三年刊版行世，余乃得卒讀之，服其博學高識，實為清學後勁。蓋芸閣嘗從陳東塾遊，習其通驫，故論議平實，而無偏激之弊。《枝語》卷二，錄其師說至多，可以占其趣向之正。余尤喜其不薄宋元人經說，又能拈出《孝經》為人治綱領，皆非拘墟之儒所能夢見也。間嘗以為天下事無往不復，自乾嘉諸大師讀書精審，理董名物故訓，秩然就理，說經釋字，如日中天。及陋者為之，則又奉功力為學問，守破碎以終身，末流之患，不可勝言。仰視亭林、南雷、船山、桴亭諸儒，如在天際，儒效乃自此益隘。逮乎晚清，通人碩彥始思矯枉補偏，匯為通學，若曾滌生、夏弢甫、朱九江、陳東塾、朱鼎甫，皆其選也。朱鼎甫自述所為《無邪堂答問》，有曰「此書與乾嘉以前儒者之言可相印證，與乾嘉以後儒者之言則多不合」。（見《答龔菊田刺史書》）此非自飾之辭也。舉凡曾、夏、陳、朱諸家之書，皆應作如是觀。乾嘉以前諸儒氣象博大，亦惟晚清二三學者得起髣髴耳。芸閣生諸老先生之後，浸漬濡染之既久，宜其所見卓爾。故在今日而思矯末流之枉，惟清初與晚清三數通儒之論，足以振之。嗚呼！世俗悠悠，知此者希，又未可以口舌爭也。

一九四七年九月二十日

[註1] 張舜徽《訒庵學術講論集》，嶽麓書社 1992 年版，第 706 頁。（按：原刊《蘭州大學校訊》1947 年第 1 卷第 2 期）

馬敘倫《石屋續瀋》

芸閣論清代書人風氣〔註2〕

《枝語》云〔註3〕：「姜堯章《續書譜》云：『真書以平正為善，此正俗之論，唐人之失也。唐人以書製取士，士大夫字畫書皆有科舉習氣，顏魯公作干祿字書是其證也。矧歐、虞、顏、柳前後相望，故唐人下筆，應規入矩，無復晉魏飄逸之風。』余謂本朝試事，鄉、會試場外皆重書法，故士大夫作字亦合規矩者多，而生趣逸氣轉不及明人也。道光以來，益復挑剔偏傍，呵責筆誤，而唐宋以來相傳之書法益以盡失矣。」余按：自漢以來即重楷法，特魏晉以前，不以拘墟，且觀六朝朝廷官府尚用行楷，故各依性情，宣露厥美。唐初重楷法，以是歐陽、虞、褚楷皆上乘，此由右軍《樂毅》、《曹娥》之跡，《蘭亭》、《黃庭》之卷，見重太宗，遂為範則。《蘭亭》雖兼行而楷意多。然規矩雖立而運用無方，故未嘗斤斤一軌，風神灑落飄蕭，仍有驥逸鸞翔、虎臥龍跳之致，力入紙而氣凌虛，所以迥絕於往代，高曾於來世。至顏、柳而雖力自奮迅，要為規矩所制，但非宋人死著紙上也可比耳。米元章不在此例。明人純學面目，則優孟衣冠也。清代惟包慎伯、姚仲虞、何子貞、康長素可語書道。此外要不能盡脫科舉習氣，若劉石庵似能樹立，然腕不能離桌，其黃夫人遂能摹似之矣。

清宣宗嗜鴉片煙〔註4〕

清初場屋之書，以趙董為範，文猶次矣。余觀內閣所庋是時試卷而知之。至宣宗以嗜鴉片膏倦於親政，杜受田教之「挑剔偏傍，呵責筆誤」以為明察，於是場屋書法亦益就庸俗；至清末又重歐體，而實乃墨豬盈紙，無率更峻秀之致，具宋板方罫之格，於是魏晉以來，簪花之美，掃地殆盡。

宣宗之嗜鴉片，自不見於《起居注》。《枝語》云〔註5〕：「鄂恒，道光間尤以衍直著稱，錫厚庵《退庵集》有《哭松亭》鄂恒字。詩，略見其概。聞尚有疏，語涉宮闈，宜為宣廟所深嫉也。」余謂所謂「語涉宮闈」者，蓋即諫嗜鴉片也。宣宗於清諸帝中有理學名，其貌亦恂恂如鄉先生，衣數浣之衣，知惜物力，然乃有此嗜，而鴉片之戰，即其在位時也。

〔註2〕第 239 頁。
〔註3〕見卷四。
〔註4〕第 240 頁。
〔註5〕卷七「國朝翰林中」條。

文廷式論董書〔註6〕

文芸閣廷式，江西萍鄉人，從宦居廣東，師事陳澧，其學甚博，中外之籍無不覽也。以一甲第三名及第，授編修，官至侍讀學士。在戊戌政變時，以授珍、瑾二妃讀，陰襄新政，卒為慈禧太后所惡而去官。所著《純常子枝語》，實其讀書記也，積四十卷。汪精衛以聞胡展堂誦其《蝶戀花》詞有「一寸山河一寸傷心地」之句，《雲起軒詞》中已易為「寸寸關河，寸寸銷魂地」。感之，遂為刊成巨帙。此書中凡天文、地理、曆算、文字、經史、宗教、科學無所不謂，雖無條理，頗堪循誦。其讀書時有獨到之見，余摘之於余日記中，亦有箴砭焉。其第一卷中《論董思伯書》云：「董思伯書軟媚，正如古人所謂散花空中流徽自得者耳，不知何以主持本朝一代風氣。」又云：「董書通顏、趙之郵，惟失之太華美耳。卷折之風不變，固無有能出其上者。」又云：「朱子論書云：『本朝名勝相傳，亦不過以唐人為法。』蓋時代相近，則流傳多而臨習易，國朝之初，群習文董，亦其所也。」芸翁論董書正與余合，且以孔琳之相比，尤為善頌善禱。然董書實楛瘠，謂之軟媚尚可，華美猶過譽也。思伯書之骨子乃趙松雪，晚年乃略有顏意，但無其雄偉。能盡脫科舉習氣，若劉石庵似能樹立，然腕不能離桌，其黃夫人遂能摹似之矣。

杭州閨秀詩〔註7〕

《枝語》云〔註8〕：

《蕙畝拾英集》，《宋史・藝文志》著錄，余從《永樂大典》中集得數條，大抵皆婦人詩也。具錄於後：張熙妻王氏作《西湖曲》：菩薩蠻。「橫塘十頃琉璃碧，畫樓百步通南北。沙暖睡鴛鴦，春風花草香。閒來撥小艇，劃破樓臺影。四面望青山，渾如蓬島間。」馬氏詞：余嘗聞馮上達教授云：囊在京見友人韓擇中親老貧甚，久不得志，其妻有詩寄云：「力戰文場不可遲，正當捧檄悅親闈。要看鵲噪凌晨樹，莫使人譏近夜歸。」蓋近時有《聞登第曲》云：「鵲噪凌晨樹，蹬開昨夜花。」而唐杜羔妻《聞羔下第》詩云：「良人的的是奇才，何事年年被放回。而今妾面羞郎面，君若來時近夜來。」故用此二事激之。韓得詩益勤窗几，翌歲登科，馬氏復作五十六字寄之，有記頷聯云：「果見金泥

〔註6〕第241頁。

〔註7〕第242～243頁。

〔註8〕見卷四。

來報喜，料無紅紙去通名。」末句云：「歸遺直須青黛耳，書眉正欲倩卿卿。」
唐人初登第，以泥金帖子報喜於家，裴思謙登第後，以紅箋名紙謁平康。歸
遺乃東方朔事，書眉張敞事，卿卿王渾事，其該洽如此。《白紙》詩，士人郭
暉因寄妻問，誤封一白紙去，細君得之，乃寄一絕云：「碧紗窗下啟緘封，片
紙從頭撤尾空。應是仙郎懷別恨，懷人常在不言中。」蜀婦田氏嘗有詩云：
「桂枝若許佳人折，須作人間女狀元。」嘗有黃公舉妻詩以其詞近褻，不錄，
其書則佳。

余按：《西湖曲》是吾鄉掌故，馬氏詩又吾家實，至其「料無紅紙去通名」，
雖用裴思謙事，然唐杜羔妻劉《寄羔登第詩》云：「良人得意正年少，今夜醉
眠何處棲。」是馬實兼用其意。然亦兒女子應有之情耳。氏不知何代何處人。
芸閣稱黃公舉妻書甚佳而以其詩近褻不錄，芸閣尚欲刪《風懷》二百韻以賺
得兩廡肉耶？世傳芸閣既以一甲第三名及第，即所謂探花也。梁節庵之妻意
探花郎必美男子，慕之投詩焉，芸閣遂與之私通，其實芸閣正是「不是君容
生得好，老天何故亂加圈」之流也。不知此事是誣與否？若果然，則是裝點
門面以自掩矣。

董皇后〔註9〕

《枝語》十一曰：「陳迦陵雜詩《董承嬌女》一首、屈翁山《大都宮詞》
第三首皆與吳梅村《清涼山贊佛》詩相應。」又曰：「京師彰義門善果寺有一
碑，康熙十一年立，益都馮溥撰文，內稱順治十七年世祖奉皇帝為董皇后設
無遮大會，車駕凡五臨幸云。」又十一曰：「釋玉琳《語錄》云：『順治庚子，
奉詔到京，聞森首座為上淨髮，即命眾集薪燒森，上聞遽許蓄髮，乃止。』」
此芸閣亦信世傳清世祖因董小宛死而遂出家五臺也。小宛為如皋冒辟疆妾，
近人頗有辯其誣者，而冒鶴亭尤闉闉焉。如皋冒氏為元二八目之後，以蒙古人改中國
姓為冒。或謂迦陵、梅村既生其世，與辟疆為數百里間人，豈竟無聞而泛造歌
詠耶？余謂清初入關，諸王頗納漢女，遂致附會，猶因皇族娶蒙古太后而有
太宗後下嫁睿王之說，亦見張蒼水詩矣。諸家之詩蓋緣福臨特眷董后，致欲
捨身，故發為聲詩。陳詩明云：「董承嬌女。」必非徒取董姓，況董后為董鄂
氏耶？

崆峒教　在理教〔註10〕

《枝語》十一記崆峒教，即余前記之大成教也。其說云：「道光間，又有所謂崆峒教者，泰州周氏創之。周，彭澤人，或云：『池洲人。』其徒薛執中者遊京師，與王公大臣交，後伏法。張姓者居山東黃岩，為閻敬銘所殺。李姓者最老壽，遊江湖間，卒於光緒十年以後，徒眾殆三四千人，士大夫亦有歸之者，李之徒有蔣姓者，余曾見之，述其師宗旨云：『心息相依，轉識成智。』此僅用禪波羅密法門，其流派論說紛紜，餘不欲贅論也。」余別有記，亦未為全豹。

《枝語》記黃壬谷《破邪詳辯》摘錄邪教有四十餘種。〔註11〕芸閣謂：「惟在理一門為近世所創，或謂與邪教異，然終日必默念觀世音菩薩。又聞別有所諷經卷，則亦非徒禁煙禁酒而已。在理之徒亦不下數百萬人。」余在上海時，見有在理教會堂而未入覽也。余子克強之友湖南曠運文為是教中人，不煙不酒，餘無異也，詢之則殊無所語。又有法商水電公司工會理事李傳慶者，山東長水人，亦在是教，余識之而未有詢也。其表亦為勸善，內容殆非其中人不可知。

昔諸貞長宗元語余，從宦江西時，知一種宗教最奇：人死後復妝飾如生，婦女施朱粉焉，坐堂皇，眾朝拜之，無禮識而但焚陰鏹，鏹積如山，焚之，光燭遠近也。

余謂此類教派大氐多託跡於道、佛兩家。吾國漢以來所謂道教，本是巫誣之餘裔，日出而爝火自息，惟自佛法東來，遂為所混，一《道藏經》，半皆依附佛典，然仍不足以動智者。惟佛法本有至理，實當自脫於宗教之林，顧名世之徒，仍必裂裟數珠佛鐙禪榻，所以度人自度者，不外經壇法寶。其身方受人供養，即有施捨，亦慷他人之慨。余以為過去無名菩薩，自不在論，若有名諸佛，盡搜典籍，亦屬寥落。苟使真信佛者，必訶僧打佛，收經論儕於凡籍，以事功庇之眾生，則佛法益宏而法益更大。不然，城社一虛，狐鼠安託。前路匪遙，豈能不慮？或謂學佛必由禪定，擾擾人寰，何由習靜？正果未得，何以濟人？及夫一經此道，無論依何法門，其歸一致，所以高僧有起，功德如斯而已。余謂眾生未渡，誓不成佛，不入地獄，誰入地獄？如了此義，則赴湯蹈火，豈有所辭？夫墨翟兼愛，則鉅子至死，近代北方之儒顏玄，力詆宋

〔註10〕第 245～246 頁。
〔註11〕亦見卷十一。

儒，則身履畎畝，斯所謂干蠱者也。不然，上者錄入「然燈」，名懸宗鏡，而下者即諸教所依，敗家子弟，誰不謂其父祖當執其咎哉？

男角女羈〔註12〕

《留青札記》云：「宋淳熙中，剃削童髮，必留大錢許於頂左右偏頂，或留之頂前，束以綵繒，宛若博焦之狀，曰勃角。」〔註13〕余謂此即《禮記》所謂男角也。杭州舊俗：生兒滿月，剃頭正如日記之說，亦有留一大圈者，名為劉海圈。余謂此即《禮記》之女羈也。

謝國楨《明清筆記談叢》〔註14〕

《純常子枝語》四十卷，一九四三年刻本，書前沒有著者的自序和凡例，因其流傳不廣，故知道的也不多。是書為著者平生博覽群書的劄記，繼承了清代考據家和校讎家的遺風，綜緝群書，附以自己的見解，兼對於周秦諸子加以注釋和校勘，頗有獨到的見解。在這書中，特別研究宋、元以後的史學、西北地理，尤其注意於世界歷史、輿地之學，歐洲各國政體、科學技術，以及當時的國內政治新聞，還有清中葉以來，在北方大乘教、無為教農民秘密集會的抗清運動、同治後沿海添弟會起義的經過。著者是戊戌政變改良主義中的嶄新人物，他主張變法，立議會（所謂公議制）、辦鐵路、開設銀行和廢科舉、興立學校，與康（有為）、梁（啟超）的主張，有其相同之處。至於研究西學、元蒙史地、印度和天方的宗教，也是當時一部分人的風尚，像洪鈞、李文田、江標、袁昶等人，都喜歡研究宋、元以來的史地和域外的知識，他們互相切磋，遂成為一時的風氣，因之在歷史學上開闢了新的領域，雖然只是略具啟蒙作用，究竟比一般守舊頑固分子高得多了。

在這書中的論證和記述上，不能多舉，姑且把當時人士所不能設想到的立論和建議，作一兩個例子。

一、為了提倡科學，普及教育，必須改革文字，首先應當創立簡字拼音的方法。他說：

〔註12〕第 251 頁。

〔註13〕《純常子枝語》卷六「《留青日札》云」條、卷二十一「《留青日札》云」條。

〔註14〕謝國楨《明清筆記談叢·聞塵偶記》，上海書店出版社 2004 年版，第 83～85 頁。

西國如鐵路，亦以「鐵」字、「路」字二字合成一物，今則別有字代
之。余謂中國文字，將來亦必設一簡便代法，方能有益民事。

又說：

余謂國家欲使婦孺蠢愚皆知文字，必求一簡易之法，無疑也。

二、他主張灌輸新知，翻譯外國書籍，尤其留心國外的文獻，他曾經看
到過道光朝帝俄所贈送的書籍。他說：

道光朝俄羅斯進呈書籍圖說，今存總理衙門者凡六百八十本，光緒
乙酉（一八八五）余與趙次山御史爾巽草奏請發出翻譯，旋據總署
覆奏，以為舊書不如新書之詳備，俄書立論不如英、德、法三國，
可不必譯，事遂中止。其實同文館中學生精俄文者甚稀，故憚而置
之也。惟書目則經俄文教習班鐸率諸生分類譯出，似較舊譯為定據，
今具列於後，可以校《朔方備乘》矣。

按所分的類目為文法書、史傳、名臣列傳、雜書、遊歷書、農書、兵法
書、史書、地理書、醫學、工藝諸學、泉刀譜、訓幼書、幼學書、圖畫等凡十
五類。這些圖書資料，在現在看來固然是已經過去的陳跡，但在當時能夠注
意於此，總是難能可貴的。

此書卷六有同治壬申（一八七二）添弟會在廣西北流起義條，與卷十一
無生老母大乘教寶卷條、卷十一劉智《天方性理》列所采輯經書目條，皆可
供參考。

廣陵書社 1990 年版《純常子枝語》影印說明

《純常子枝語》是晚清一部極有價值的雜著。作者文廷式，兼詞人、學
人、政治家於一身。博學強識，精通四部之學，號為雜家。此書闡說經傳，論
證九流，校訂文字，評品詩詞；記述朝章國故、士林交往、域外見聞；旁涉釋
藏道笈耶回之事，下及山川物產、天文曆算之學。古今中外，不拘一格，因此
搜羅並保存了古代文化史、清代社會生活以及中外文化交往方面許多有用的
資料和有趣的記載，兼具學術性與文學性。一冊在讀，除了提供必須的研究
資料外，還可獲得豐富的知識與享受。由於此書成書較晚，又是作者身後所
刊，刻本較少，流傳未廣。現據我社整理補刊雙照樓版影印，以饗讀者。

江蘇廣陵古籍刻印社
一九九〇年三月

汪叔子《〈純常子枝語〉撰著考》〔註15〕

《純常子枝語》，清末江西萍鄉文廷式著。

文廷式，字芸閣，一字道希，為近代中國重要歷史人物，當甲午戰爭、戊戌變法，庚子事變等重大歷史關頭，均嘗奮先倡眾，推助愛國濤瀾，擎張維新旗幟，與有力焉，又集詩人、詞家、學者於一身，鎔鑄風雲於韻律，激揚志慮於學術，而咸能卓然自成大家。其所撰《純常子枝語》一書，則非特以內容宏博，卷帙繁重，足為晚清筆記之鴻制，兼且以考證精深，識見獨引，允稱近世學術之名著，錢仲聯先生嘗論之曰：「芸閣博學強識，四部俱深入其奧。」又曰：「余惟《枝語》全書，闡說經傳，論證九流，校訂文字，評品詩詞，紀述朝章國故，士林交往，域外見聞，旁涉釋藏、道笈、鄂、回之書，天步曆算之學，下及《疑龍》、《撼龍》之流，可謂沉沉夥頤。方之往古，蓋伯厚、亭林，辛楣之亞；求之並世，較沈乙庵《海日樓札叢》，雖精湛或遜，而廣博差同。朱古微《望江南》詞題芸閣詞集，謂其『拔戟異軍成特起，非關詞派有西江，兀傲故難從』者，推許雖至，僅域於詞爾，固未足以概芸閣之全也。」又陳散原老人嘗於光緒甲辰四月與文氏由南昌同舟至金陵，得讀《枝語》稿本中述宗教數卷，亦詫為奇作。俱可以見《純常子枝語》在近代著作林中之地位，洵乎非同一般也。

《純常子枝語》一書，在文氏個人學術生涯中，並亦佔據有特殊之意義。蓋文氏雖自青年即享敏才之名，而其立志撰作，為時稍晚，自謂廿七八歲始有著述之想云云，是在光緒壬午鄉試中式之後將入中年矣。而綜考文氏一生著述事業，除日記、書信、奏議及文賦詩詞等隨時而作之外，其有心成書者，大抵可分四類，曰古史研究，曰今史紀述，曰古籍輯佚，曰學術筆記。尤以末一類學術筆記數量最多，比重最大，計自光緒八年仲秋起撰《知過軒日鈔》為濫觴，嗣有《知過軒隨筆》、《薌屑》、《釋典劄記》、《芸閣叢譚》、《伐山取材》、《趙注孟子劄記》、《擷芳錄》等等，至於《雜記》、《雜說》、《雜錄》、《雜鈔》之屬更不一而足，（詳見拙撰《文廷式著作知見目錄草編》，收入拙編《文廷式集》內，該《集》已由中華書局付印，即將出版）而其總匯大成者，則為《純常子枝語》。

〔註15〕中國歷史文獻研究會編《歷史文獻研究》北京新一輯，北京燕山出版社 1990年版，第 353～360 頁。

　　《純常子枝語》開筆其晚，在光緒十八年壬辰暮冬，文氏已三十七歲。此冬文氏久病，迄至次春始獲痊癒。病中無俚，溫經遣愁，自壬辰十二月十八日至癸巳（光緒十九年）正月十四日讀《左傳正義》一過，作有劄記（此劄記即收在《純常子枝語》內）又時取短書觀覽，輒複寫錄一二。久病初起，癸巳二月十五日寄箋與於式枚，告之曰病中隨手作筆記四卷，他日當呈覽云云。明年，歲次甲午（光緒二十年），三月初七日，又致於式枚函，乃言「去年以來，隨時所錄，有《純常子枝語》九冊」，擬託人帶呈請正。斯即為《純常子枝語》撰作之肇始。

　　《純常子枝語》癸巳仲春初積四卷，當是時，文氏甚為白負，告友人謂其內容「頗有可採」。然至甲午晚春累有九冊時，致友信內反謂「就中可讀者不過數十條」耳，則亦未宜概以謙辭視之，毋寧以為其於自負之中，乃又轉增嚴慎。

　　此種既自負又嚴慎之態變，貫徹始終於文氏撰作《純常子枝語》之全過程。按文氏他書稱名，或循文義，如《聞塵偶記》、《琴風餘譚》之屬；或標室名，如《芳蓀室雜鈔》，《知過軒日鈔》之類；或取字號，如《芸閣偶記》、《羅霄山人醉語》之例；殊少有逕直以「子」自命者。子部之作，盛於先秦，漢晉以降，風氣寢衰；林林總總者，變而以集部之書為顯。文氏此書，乃獨以「子」為標幟，則其意固在秀出九流，克成一家之說，而自許相垺於諸子，倘借朱孝臧評文氏《雲起軒詞》之句「拔戟異軍成特起，兀傲故難雙」，移而解喻文氏《純常子枝語》題名之旨，庶幾相宜。

　　此書立名，云「枝語」者，或本於《周易‧繫辭下傳》篇末之語：「中心疑者其辭枝」。《疏》曰「中心疑者其辭枝者，枝，謂樹枝也；中心於事疑惑，則其心不定，其辭分散若間枝也。」凡俗引申，用「枝辭」指浮華言詞無關要旨：然文氏此曰「枝語」，則似依循《易》義而重在「中心疑者」，復取借「樹枝」之疏，狀譬其著述之例，如繁條茂葉，旁涉至廣，古今中外世事世學，但有所疑，即志而考焉。如是則文氏自命「枝語」，乃馳騁其大疑於八級，將上下而求索者也。「枝」，又通「支」，有「支持」、「抵拒」之字義，而曰：「純常於枝語」者，當更與《莊子》極有關係。《莊子‧山木》篇，述孔子圍於陳蔡之間，大公任往往弔之，說以至人不聞、免患不死之道，有云：「直木先伐，甘井先竭……飾知以驚愚，修身以明汙，昭昭乎若揭日月而行，故不免也，昔吾聞之大成之人曰：自伐者無功，功成者墮，名成者虧，孰能去功與名，而

還與眾人，道流而不明居，得行而不名處，純純常常，乃比於狂，削跡捐勢，不為功名，是故無責於人，人亦無責焉」。（「大成之人」，成玄英曰「即老子也」。「純純常常」，宣穎曰「純一其心，平常其行。」「乃此於狂」，成玄英曰「既不矜飾，更類於狂人。」）文氏中年自號曰「純常」（嘗見文氏贈友詩箋手跡，末鈐小印，作「純常」二字），當即源出於此，《山木篇》又載莊子與弟子答問：山中有大木枝葉盛茂，為伐木者不取，以不材得終其天年；山民畜雁，其不鳴者先烹，則以不材死。弟子因問材與不材將何從處，莊子答曰：「周將如乎材與不材之間。材與不材之間，似之而非也，故未免乎累。若夫乘道德而浮游則不然。無譽無訾，一龍一蛇，與時俱化，而無肯專為，一上一下，以和為量，浮游乎萬物之祖，物物而不物於物，則胡可得而累邪，此黃帝神農之法則也。」文氏之稱「枝語」，是否自況於此處「山中大木枝葉盛茂」者及有感於「似之而非」，亦容可猜測。

　　揆之清代士皆迂腐之輩，固仍亦步亦趨於朱注經義，而自龔定庵倡言儒者亦九流之一耳，達人智士勿復囿於世俗儒門，返而重溯百家諸子遺蹤者，風氣漸開。文氏亦其一也，且非僅博考中華舊學，更廣探西洋新知，舉凡天文、地理、人種、語言、哲學、倫理、宗教、政治、經濟、軍事、科學、技術，靡不涉足。孜孜以求，縱遭「雜家」之譏而不恤：忳忳其心，雖罹黨禍之險而無悔。其《純常子枝語》一書撰作，發韌於壬辰，綿延至於甲辰，歷時十有三載，可謂久矣。其間不斷增補，草稿盈篋，皆塗乙再三，反覆推敲，又錄寫清稿副本多份，而天頭行間，並隨為批改，相比文氏其他著作，修改程度與所費時間，均未有臻及如此者。蓋文氏此書，標立「子」名，其自期許者高，故鍥而不捨，至於殫精竭慮，惜夫光緒甲辰仲秋，以四十九歲壯年之身，猝病夭逝，生前竟不及最後釐定此書，齎志而歿，良可哀歎。其摯友沈子培為撰墓表，有云：「余以文字言議與君契，相識廿年，上下古今，無所不盡。嘗竊以為先漢微言、東京緯候、魏晉元風、宋元儒理，以君識學所積，專精一業，無不足以名家，顧君以資平議而已，終不屑屑纂述。……晚頗亦有意於是，而日薄崦嵫，盛業不究。……君所論內外學術，儒佛元理、東西教本、人材升降、政治強弱之故，演奇而歸平，積微以稽著，於古學無所阿，今學無所阿，九州百世以觀之，嗚呼，豈得謂非有清元儒、東洲先覺者哉！」所謂「晚頗亦有意於是」者，即指撰述《純常子枝語》。則此書實乃文氏晚年之學術總結，畢生精力之所匯萃，其價值珍貴，較之文氏他著，亦未宜同日語也。

文氏既歿，身後蕭條。《純常子枝語》遺稿遂亦輾轉流散。

一、易培基舊藏有《純常子枝語》草稿九冊，今歸於寓臺灣省之李宗侗，李即易培基之女婿。據李宗侗言「余藏有《枝語》手寫稿數冊，甚為雜亂」，知是草稿也。

臺灣省文海出版社有限公司《圖書目錄（1980 年）》稱：從「某大藏書家」所藏文氏手稿數十冊中，經整理分類，內得「純常子枝語剩稿」，「計四六六則，體質裁性同於枝語。陳群於民國三十二年初刻枝語時，未見原稿之全部，致有遺漏。此次整理補刊，合成全盤，『剩稿』之名，本社所題，非文氏之舊」。所謂「某大藏書家」者，亦指李宗侗。此「剩稿」，似即據李氏所藏《枝語》草稿九冊及文氏別種稿冊內所載零散條文匯輯而得者。然迄未見發表，無由悉其詳情。

易培基所藏《枝語》草稿九冊，葉恭綽嘗借鈔之，此鈔本存佚今不詳。

一、徐行可舊藏有《純常子枝語》稿本數十冊，其自言致書之由，乃於1931 年斥鉅資得自湘潭彭子英，子英則購自文氏外室龔夫人。內有《枝語》清稿本以冊標記者一部計四十冊，於 1942 年為張仁蠡強行購去，轉獻與汪兆銘，張並在稿冊之末出名撰加跋尾。此四十冊清稿本後改歸前南京中央圖書館，今存於臺灣省。

徐氏被迫讓購時，嘗錄副本自存，此副本今存佚不詳，又當時徐振五亦曾鈔錄副本一部，即「三好齋」鈔本，計四函、三十六冊，今存。

此四十冊清稿本之發表，影印者，有近年臺省文海出版社有限公司之影印全本。（張氏墨書跋尾，亦影印附末）。鉛印者，有三十年代《安雅月刊》曾摘錄刊載。刻印者，有 1943 年汪兆銘借陳氏澤存書庫名義之刻印本，李霈秋任校勘，裁作四十卷，首附汪兆銘序，末附張仁蠡跋。1962 年，揚州廣陵古籍刻印社據此板片，刪去汪兆銘序、張仁蠡跋，重印線裝本行世；1979 年再印，增入錢仲聯先生所撰之序及代編之目錄。

按，汪兆銘序，假稱聞諸李霈秋言，而謂此「文氏稿本，都四十冊，封面冊數，皆其手署，實為最後足本」。所渭「實為最後足本」，殊屬武斷。不如張仁蠡跋以為茲本乃係文氏「隨手編寫分冊，先後時日，間有可稽，而部居雜廁，未為定箸，差得其實，蓋文氏此四十冊清稿本，雖已非所始草稿，然亦猶未足「最後足本」。（詳見下文）又按汪兆銘序稱「此稿似未經寫定，其中各條，頗多復見，有議力之整理。然後付印者。然所謂整理，縱極慎重，終不免

以意為之，其有當於著者之意否，未可知也，故決一仍原稿，不加更易，俾讀者各以意得之。僅於顯知力訛奪寧，且有書可檢對者，始為校正之而已。」其曰「一仍原稿，不加更易」者，尤非事實，以文海影印稿本（以其末附影張仁蠡手寫跋尾，知即是當時張仁蠡所獻與汪兆銘之原本），取與刻本略加仇校，即可知刻本妄加刪斫之處匪甚少。茲僅舉一例：稿本內間雜有詩問之作，刻本則有收有不收。如《櫻花》絕句四首等，刻本即收錄之；而稿本第三十三冊末之《哀許袁》五律一首、《重有感》七律四首，皆文氏詠「庚子事變」之詩，抗議八國聯軍野蠻侵略，痛斥朝廷權貴屈膝媚外，愛國精神，大義凜然，民族志節，正氣衝天，如此佳作，刻本乃竟概予削棄。則不僅可知汪兆銘序所謂「一仍原稿」，所渭「李君霈秋躬任校勘極審慎」云云，純係虛妄謊言，盜名欺世而已：更以見汪兆銘、陳群、張仁蠡之流 1943 年刻印此書時賣國投敵之反動立場，蓋如文氏《重有感》詩中「朝廷衰職尊藍面」之句（「藍面」，指庚子時西洋侵略者），而汪兆銘、陳群、張仁蠡之流此時則恰是「朝廷衰職尊倭奴」者也。故謂影印本胥存文氏《枝語》四十冊清稿本之真則可也：而刻印本則已經妄加刪削之本耳。

徐行可所藏《枝語》手稿，除為張仁蠡強購轉獻汪兆銘之清稿本一部四十冊之外，另有散稿若干，或草稿，或清稿，或成冊（如中有一冊皆考語言文字者），或雜見別種筆記稿冊內，今存。

一、文氏表弟汪曾武 1930 年撰述《萍鄉文道希學士事略》依據文氏九弟文和錄示，記曰「常純子枝語稿本二十餘冊」，為文和購歸，藏於家。其後，至 1936 年，文和家藏之《枝語》稿本，則至少已積有六十一冊之多。據《純常子枝語選鈔》（「適園藏稿」選鈔稿本一冊，今存）之選鈔者自序，謂嘗承文和之長子文德滋於丙子（1936）夏間，「出示其三伯父雲閣先生手錄自著純常子枝語，計經部四冊，史部五冊，子部四冊，集部三冊，教派十冊，政治七冊，輿地人種三冊，術數三冊，語言文字五冊，又以冊標題者十七冊」。可知文氏《枝語》清稿，乃有二種，一為以部標題，一以冊標題，前者當為文氏分部別居。已經整理之稿，後者則尚是條文雜廁，未經匭清之稿，二者不同。

又，嘗見原徐行可所藏文氏晚年詩文稿冊，內附錄自著稿本目錄，於「純常子枝語」目下，記有「經部共伍本，史部共伍冊，集部共肆本，政治共陸本，教派共拾本，語言文字共陸本，術玫共貳本，輿地（人種附）共貳本」。

計之總得四十三本。其門類次第及各門冊數，與上錄文和家藏者，略有小異，或者文氏暮年將《枝語》一書統編釐訂之際，猶然斟酌，致有數種本子。雖然，文氏歿前最後手定之《純常子枝語》足本規模，於斯尚略可想像。

是以《萍鄉文氏四修族譜》及《昭萍志略‧人物志》著錄《純常子技語》作「三十二卷」者，未確。原徐行可所藏之清稿本四十冊者，為未經釐定之稿，亦非「最後足本」。緣因文氏計劃，猶擬續為增補加改，且尚將按經、史、子，集及政治、教派等等予以分類部居，重行詮編，而後殺青，奈天不假年，哲人其萎。又蒙文氏家人近年函告，謂家中原存之文廷式遺稿（包括下述文和所藏之《枝語》稿本），今亦皆已蕩無片紙。一代名著，遂令世人竟無復能一睹其作者手定足本之真貌風采，豈不惜哉惜哉！

張舜徽《清人筆記條辨》卷十 [註16]

純常子枝語四十卷　一九四三年刻本

> 萍鄉文廷式撰。廷式字芸閣，光緒十六年進士，由編修官至侍讀。未通籍時，嘗從陳澧問學，故於治經頗識途徑。是編卷二，錄其師說甚多。

是編卷一有云：「《坊記》引《詩》云：『先民有言，詢於芻蕘。』鄭注：『先民，謂上古之君也；芻蕘，下民之事也。言古之人君，將有政教，必謀之於庶民乃施之。』此注深得經意，經以此證上酌民言，故以先民屬君也。今西洋人所設下議院，乃正合古義。」按芸閣此言，非特以今制傅會古義，失之舛謬；即所據鄭注，亦未必曲達經旨，大抵故書所稱「先民」，猶今語所云「古人」耳。《詩‧小雅‧小旻》：「匪先民是程。」《商頌‧那》：「自古在昔，先民有作。」毛傳並云：「古曰在昔，昔曰先民。」考此二言，始見《國語‧魯語》。蓋自古之通訓，上世之達詁，而毛公兩用之以解《詩》。可知「先民」實「古人」之殊名，無他義也。鄭君注《坊記》時，因文立訓，遂指實「先民」謂上古之君。然而《詩》所云：「先民有言，詢於芻蕘。」見《大雅‧板》篇。鄭君彼箋云：「古之賢者有言，有疑事當與薪采者謀之。」此解實本古訓，最為諦當。則鄭意「先民」二字，本不專屬人君也。讀書貴能觀其會通，此類是已。否則單據注家因文立訓之辭，便上論古制，鮮有不舛誤者。

〔註16〕華中師範大學出版社 2004 年版，第 372～380 頁。

　　卷一又云：「劉邵《人物志‧流業篇》分十二流，而以為『皆人臣之任，主德不預焉。主德者，聰明平淡，總達眾材，而不以事自任者也。』此道家之旨！《四庫提要》以為其學雖近名家，其理弗乖於儒，猶未推其本也。」　按此說非是。大抵百家言主德，同歸於執本秉要，清虛自守。驗之周、秦故書，靡不如此，不獨道家然也。虞廷賡歌，已申元首叢脞之戒；仲尼贊《易》，惟以乾坤易簡為言，則與清虛自守之旨，無勿同者。芸閣昧於斯理，宜其言之未有合耳。

　　卷二稱舉陳蘭甫之說云：「師言經學有三派：墨守一家，力攻異說，漢儒何邵公之家法也，本朝王西莊之《尚書疏》、陳碩甫之《毛詩疏》似之；宗主前人，兼下己意，漢儒鄭康成之家法也，本期孫淵如之《尚書義》、孔巽軒之《公羊義》似之；博採諸家，自成編簡，漢儒許叔重之家法也，本朝戴東原之禮學、王懷祖之小學似之。略舉一端，可資隅反。」　按蘭甫此言，特就三數師儒而立論耳。若以地域言，則可以吳、皖、揚州三派統之。余嘗論列清代學術，以為吳學最專，徽學最精，揚州之學最通。無吳、皖之專精，則清學不能盛；無揚州之通學，則清學不能大。嘗於所撰《揚州學記‧序》中暢發之。若持蘭甫此論以衡吳、皖、揚州三派之學，則吳學之專，乃墨守一家，力攻異說，近於何邵公之家法者也；皖學之精，乃宗主前人，兼下己意，近於鄭康成之家法者也；揚州之通，乃博採諸家，自成編簡，近於許叔重之家法者也。

　　卷二論及欲振中國之人才必自廢科目始一條有云：「教士不獨使之儒也，農事亦教之，工事、商事亦教之，兵事亦教之，刑法之事亦教之。且不獨教以典籍也，工匠之事，技擊之用，醫藥之法，操舟御車之宜，凡生人所有用者亦並教之。如此行之，十年而大變；三十年以人才足用，可以不受外侮矣。」按此論在當時，自不失為有識。蓋值清季積弱不振之會，才智之士，思有以拯之，競欲黜虛文以敦實學，亦風氣使然也。其在清初，則顏習齋已早發斯論，率群弟子日習禮、習樂、習射、習書數，究兵、農、水、史諸學。目詩、文、書畫為乾坤四蠹，力闢世人但以誦讀著述為學之非。其次如孫夏峰、張楊園，皆能敦屬踐履，躬操耒耜，率弟子從事耕稼，以一矯俗學虛浮文弱之習，皆所謂有心人也。然而千古儒林，積重難返。一齊眾楚，終莫由轉移時尚。非有大力以摧陷而廓清之，固不足以語改革也。清季書生，雖言變法圖強，欲黜華而崇實，然亦徒託空言耳。若謂出人才而挽世運，豈易言哉！

　　卷三有云：「阮文達《擘經室集》謂《節南山》以下皆幽王時詩。余按宋人逸齋《詩補傳》已有是說，且多與文達《補箋》義相合。國朝人不喜宋、元人經學，故未檢耳。」　按芸閣謂此義發自宋人，是矣。至謂偶與雷同，失之未檢，則不必然也。大抵清儒治學，名雖鄙薄宋人，實則多所剿襲。戴東原說《詩》，即多本朱傳，其明徵也。他如段若膺注《說文》，多陰本小徐《繫傳》之言，掠為己有。余昔有意一一錄出而未暇為之。其他類此者甚多，又未暇悉數矣。況有清一代樸學，實兩宋諸儒導夫先路，余早歲著《廣校讎略》，已有專篇論之。乾、嘉諸師，動輒輕侮宋人，亦談何容易耶！

　　卷三有云：「偶閱海寧周松靄《十三經音略》，於古韻概乎未之有聞，蓋毛西河之支派也。惟其《與邵二雲論爾雅雙聲書》，所列十不可解，則中其失者八九，不知二雲聲音之學，何以粗疏至此，真所謂授人口實也。」　按乾、嘉諸師之不解雙聲，不獨邵氏然也。即如段若膺之治《說文》，可謂專精矣。而於雙聲之理，亦甚隔閡。第就所注《說文》言之。如二篇《止部》暉字注云：「跟暉雙聲。」跟在見紐，暉在照紐，不得謂為雙聲也。《辵部》巡字注云：「延巡雙聲。」延在喻紐，巡在邪紐，不得謂為雙聲也。三篇《支部》：「鈙，持也。」注云：「雙聲。」鈙在群紐，持在澄紐，不得謂為雙聲也。五篇《竹部》：「簫，箝也。」注云：「雙聲。」簫在娘紐，箝在群紐，不得謂為雙聲也。類此者至為繁夥，遽數之不能終其物。聊舉一二，以概其餘。大抵清儒於古韻分部，窮極要眇；而於雙聲通轉，不甚講求。錢竹汀有意為之，而未竟其緒；王懷祖推明聲訓，僅粗具端倪。正如寶藏廣富，仍待後人開掘也。要之，古聲類之學不明，則文字之孳乳，故訓之通借，舉莫能推明其跡，所關非細，誠有志之士所當究心者矣。

　　卷四有云：「實齋《校讎通義》，自是確有心得；然亦有過於求深而不可從者。如謂《淮南鴻烈解》當互見道家，《志》僅列於雜家，非也。余謂實齋若以《淮南子》宗述虛靜，旨近《老》、《莊》，宜改部道家，尚足自成一義。若與雜家互見，則必無是理。雜家者流，兼儒、墨，合名、法。即道家，亦何所不賅。若可專指一家，豈得復謂之雜乎？若必使其互見，則兼儒、墨，合名、法者，又可盡使之互見於儒家、墨家、名家、法家乎？此特好為異論而已。」　按芸閣此說非是。蓋著錄之家，一書重見，亦猶韻書收字，分隸四聲，一編之中，無嫌復出，書之體用既明，學之原流自顯。實齋《校讎通義》據班志自注省重之文，謂《七略》義例，一書兩載，獨重家學，不避重複，欲

人即類求書，因書究學，而力主互著之說，其言是也。自鄭氏《通志・校讎略》以《隋志》兩類重出，由於分類不明，是非差互，一類兩見，為不校勘之過（語見《編次之訛論》）。其後錢竹汀乃謂《隋志》一書互見為史臣牾疏之失（見《廿二史考異》）。又譏《文獻通考・經籍考》一書重出之非（見《十駕齋養新錄》）。皆由不達斯旨，妄議古人，抑亦通人之蔽矣。蓋一書而兩類分收，與夫一字之復見於平上出入，其例正同。簿錄家於彼此互著之際，實隱然示人以辨章學術之意，為用甚弘。實齋獨能窺見及此，其識卓矣。寧可妄訾之耶！故余早歲撰《廣校讎略》，特為發明其恉。芸閣昧於斯道，宜其言之多謬。又有一條力斥裁篇別出之失，並自注云：「目錄家不當有裁篇別出之說。」則尤鄰於無知妄議，不足詰也。

卷六有云：「國初人譏宋學家不讀書。近時講漢學者，標榜《公羊》，推舉西漢，便可以為天下大師矣。計其所讀，尚不如宋學家之夥也，此國初諸儒所不及慮者也。」 按漢學、朱學之名，不經甚矣。當江鄭堂《漢學師承記》始成，龔定庵即遺書規之，斥其立名有十不安，江氏不之省也。宋儒有讀書至多、學問極博者，已非乾、嘉間樸學諸師所能望，況道、咸以下耶！顧道、咸以下盛張微言大義之緒，以治經世致用之學，本與窮經考禮者異趣，又未可徒以讀書多寡強分軒輊耳。

卷八有云：「《抱朴子・廣譬篇》云：『絈布可以禦寒，不必貂狐。』是晉時已有綿布。又房子出絈，見曹操夫人《與楊彪夫人書》及《魏都賦》。」 按古人所稱絈，即今語所謂絲絈也。《孟子》云：「五畝之宅，樹之以桑，五十者可以衣帛矣。」絲絈自古有之；帛即所謂絈布也。魏、晉人所稱絈與絈布，皆即指此，不得以後世木棉當之。

卷九有云：「近時上書尊者，篇首皆用竊字，或不得其解。按《莊子・庚桑楚篇》：『竊竊乎又何足以濟世哉？』陸德明《釋文》云：『竊竊，司馬彪云：細語也。一云：計校之貌。』今世所用，蓋取私細計校之意，兼此二意。」按此說非也。竊與淺乃一語之轉。《爾雅・釋鳥》所云竊玄、竊藍、竊黃、竊脂、竊丹，皆謂諸色之淺者；《釋獸》所云虎竊毛謂之虦貓，亦謂虎之淺毛者為虦耳。竊、淺雙聲，故古人通用。凡文書中以竊字自稱者，即以竊為淺，猶自稱為愚為鄙為庸耳。

卷十三有云：「友人沈子培刑部，嘗疑中國自稱華夏，華字未知所從來，疑為虞之轉音。」 按華與夏實即一語。夏字讀胡雅切，而華字讀戶瓜切，同

在匣紐，是為雙聲。二字古韻又同在《模部》，故相通假。《說文》：「夏，中國之人也。」是乃本稱。音轉為華，故又自名為華。周初人已用夏字，見《尚書·君奭篇》，周末人始用華字，見《春秋》定公十三年《左傳》，後人又合二者而稱為華夏耳。

卷十五有云：「墨子嘗學儒術，既而非儒；王肅幼習鄭學，既而攻鄭；程、朱皆由禪學入手，而闢佛尤深；顏、李皆由道學入門，而譏宋最切。本末異同之故，在當人或不自知，然皆可云獅子身上蟲自食獅子身上肉者也。」 按此種事例，在學術史上，至為繁夥。所謂蟲生於木而還食其木，物理之常，無足怪者。人之於學，既登堂而入室，復操戈以相伐，入而能出，此其所以大也。古今能自成一學派者，可屈指數，要其成功之由，莫不由此。視夫暖暖姝姝守一先生之言不敢越尺寸者，固相去不可以道里計矣。

卷十七，備載經、傳、子、史有關儒之名義而加以考證，至為詳盡，顧未能論得其要。 按漢以前之所謂儒，與漢以後之所謂儒，大有不同。漢以前之儒，乃術士之通稱，故秦始皇坑儒，《史記·儒林傳》謂為「坑術士」。許氏《說文》訓儒為「術士之稱」，蓋亦承舊解而立說耳。其專以儒為孔子道，則自漢人始。高誘注《淮南·俶真篇》云：「儒，孔子道也。」《論衡·超奇篇》，至以能說一經者為儒生。馬、班二史，凡傳經之士，始列《儒林傳》，於是儒之含義始狹。自宋以下，道學之氣盛，則又以褒衣、博帶、枯坐、拱手為儒矣。談性命以相高，置家國於不問，世乃益以儒相詬病，此亦古今遷變之跡也。芸閣考證古今，乃於此等處皆不之及，亦見其疏。

卷二十一有云：「《朱子語類》九十一云：『三代之君，見大臣多立。漢初猶立見大臣，如贊者云，天子為丞相起。後世君太尊，臣太卑。』李文貞《榕村語錄》二十七云：『古者君臣如朋友情意相浹，進言亦易，畏憚亦輕。朱子云：金人初起，君臣席地而坐，飲食必共，上下一心，死生同之，故強盛無比。及入汴，得一南人教他分辨貴賤，體勢日益尊崇，而勢隨衰。』余按尊君卑臣本法家之學，非儒家之學，故朱子再三言之。文貞當康熙朝而能述朱子之說，其意固當有在也。」 按近古帝王威權之重，惟清為甚。如明代朝儀，臣僚四拜或五拜耳（見《明史·禮志》）。清始有三跪九叩首之制（見《清會典》）。明代大臣得侍坐（詳《明史·禮志》）。清則奏對無不跪於地者。蓋滿洲貴族自入主中原後，惟恐漢人輕蔑之，故因前代君臣尊卑之制而加隆焉。明代六曹答詔皆稱卿（詳沈德符《野獲編》）。清則率斥為爾。而滿、蒙大吏

所上奏摺，咸自稱奴才。上之視下如草芥，則下之去上如敝屣，欲求上下相孚，勢不能也。故康、雍、乾三朝雖嚴刑峻法控御宇內，而禍根實伏於斯時。降及道、咸，一蹶不振。迨革命軍起於廣西，而大勢已去。不數十年，而清祚遂傾。既復帝制，於是君臣尊卑之禮，始得摧除。從知國於天地，非有徹底革命，固不足以言改革法制也。

卷三十有云：「《堯典》言『以親九族』，言『平章百姓』，竊意中國古昔，亦族長政治也。《羅馬志略》云：『古初羅馬，法制簡而不繁。國中分數族，各族有長。商論國事，眾族長聚於一堂，國人呼之曰諸父。其議政院名為父老議院，國王為議政院居首位之統領。一國視如一家，視國父為一家君父。』堯之時，蓋當如是。九族，即指國中大族而言，非謂堯之親屬也。九者多數，汪容甫《釋三九》例明之。」　按芸閣此言似矣。大抵經傳中所言唐堯、虞舜一類人物，皆遠古氏族社會中之部落聯盟長耳。以其為眾多部落之首領，故族類滋繁，而必有以輯睦之。《尚書》所云「以親九族」，實即指此。自漢以下，傳注家率以「上自高祖下至玄孫之親」為九族，是以後起之制，上說三古之事，未見其有合也。

卷三十四，論及蠻、夷、戎、狄諸名義有云：「《說文·羊部》：『羌，西戎牧羊人也。從人從羊，羊亦聲。』至《蟲部》又以閩為蛇種；《犬部》以狄為犬種；《豸部》貉字又云：『北方豸種。』此皆隨字附會，不如羌字釋為牧羊人而不言羊種，較得本義。」　按此言是矣，而未盡也。古者四裔去中國較遠，各有民風土俗。先民造字，遂各因其所宜而為之名。其在北方或東方者，多事遊獵，故夷字從弓，狄字從犬，謂常負弓以行，以犬自隨也。西方以畜牧為生業，故羌字從人從羊，謂常與羊相處也。南方多蛇，故蠻字從蟲，以其習與蛇處也。閩即蠻之語轉，實一類耳。許書於此諸字，解說多謬。余新注《說文》，嘗一一為辨正之。

卷三十五有云：「孔子曰：『民可使由之，不可使知之。』此政教之異，非愚民之說也。可使由之，蓋法令無不能從；不可使知，則知識各有所限。此民之所自取，聖人特因之而已。」　按古人所云「道之以政，齊之以刑」，此「可使由之」之說也。「可與樂成，難與慮始」，此「不可使知之」之說也。所謂不可使知之者，非謂不應使之知也；而實智有不逮，不能知之也。自來說者皆以愚民之義解之，厚誣古人矣。

卷三十九有云：「《釋名·釋首飾》云：『穿耳施珠曰璫。此本出於蠻夷所為也。蠻夷婦女輕浮好走，故以此琅璫錘之也。今中國人傚之耳。』案《莊子·德充符篇》云：『為天子之諸御不穿耳。』是穿耳之風，周時有之。既穿耳，必有璫飾矣。《三國志·諸葛恪傳》云：『母之於女，恩愛至矣；穿耳附珠，何傷於仁。劉熙以為出自蠻夷，其言殆誤。』」按此言非也。《釋名》所云，必有所受。蓋古說之僅存者，足為考史之資也。竊疑此制蓋遠古奴隸社會之遺，後世尚存於蠻夷中，旋傳入中土耳。上世御使奴隸從事生產，奴隸苦其煩勞，多逃亡以避力役。御之者多為之方以控止之。或以鎖鍊繫其頸，或以鐶鐲困其足，或以琅璫錘其耳，皆所以使之不能逃也。其後此制雖廢，而遺俗猶有存者。余早歲猶及見鄉僻生子，每喜以銀鑄成鎖鍊繫之於頸，或鑄為鐶鐲加於手足以為之飾，皆與女子穿耳，同為古俗之遺，暇當博徵文獻為考明之。

張舜徽《愛晚廬隨筆》

學林脞錄·西瓜 〔註17〕

文廷式《純常子枝語》卷二十一云：「《藝文類聚》瓜果類引《廣志》已有敦煌瓜。然則西瓜入中國，似不始於五代。楊用修云：『余嘗疑《本草》不載西瓜，後讀五代胡嶠《陷虜記》（見《五代史·四夷附錄》），嶠於回紇得瓜種，結實大如斗，名曰西瓜。則西瓜由嶠入中國也。』此說殆未足據。」余則以為西瓜本非中土所故有，原產於西陲少數民族地區，猶葡萄、胡蒜之類，皆自外入也。《漢書·地理志》云：「敦煌古瓜州地，生美瓜。」可知敦煌本以產瓜馳名，故其地又號瓜州。中土以其出自西方，故稱之為西瓜。惟其種傳入外地較遲，故《齊民要術》不載其名，蓋唐以前無有也。西方之瓜，品類不一。有一種瓜不甚大而味彌甘，剖之則香氣撲鼻，近似香蕉，鄉人名曰醉瓜，當即敦煌瓜之遺種。論其品味，已在哈密瓜之上。余在蘭州度夏時，日必啖此數瓜以解暑熱。別有一種大瓜重二十餘斤者，名曰賽冰糖，則其濃甜可知，亦與內地產者不同。西瓜宜於西土，蓋地氣使然。

〔註17〕張舜徽《愛晚廬隨筆》之一《學林脞錄卷一》，華中師範大學出版社 2005 年版，第 10～11 頁。

學林脞錄・內明外昧（節略）〔註18〕

文廷式《純常子枝語》卷一云：「劉邵《人物志・流業篇》分十二流，而以為皆人臣之任，主德不預焉。主德者，聰明平淡，總達材，而不以事自任者也。此道家之旨。《四庫提要》以為其學雖近名家，其理弗乖於儒，猶未推其本也。」考唐以上立言之家，無不通於道家之旨，豈第劉劭為然。劉邵所言主德，通於道論之要矣。文氏乃清末文士，固不足以知此。

學林脞錄・明代私家藏書之盛（節略）〔註19〕

清末文廷式《純常子枝語》卷二十六，謂章實齋《校讎通義》立「一書互見」及「裁篇別出」之說，明人祁承爃《書目略例》實開其端。

徐德明《清人學術筆記提要》〔註20〕

文廷式（1856～1904），字道希，一作道溪，號雲閣、芸閣、薌德，晚號純常子、羅霄山人，江西萍鄉人。27歲前隨父居粵，鴉片戰爭後，得風氣之先。光緒十六年（1890）進士，授翰林學士。甲午、乙未時對日主戰甚力，極言不可簽《馬關條約》。曾組織強學會。戊戌變法後革職。光緒二十六年，應日本同文會之邀，渡海東行，考察新政（中華書局1993年版《文廷式集》湯志鈞序，以為文氏曾兩次赴日，誤）。因反對慈禧專權，幾遭密令緝拿、就地正法。出塵避世，英年早逝。工詩詞駢文，能反映晚清新舊兩派激烈鬥爭的現實。輯有《中興政要》，著有《知過軒隨錄》、《補晉書藝文志》、《文道希遺詩》、《雲起軒詞》、《聞塵偶記》、《讀孟子趙岐注劄記》、《羅霄山醉語》等。

《純常子枝語》四十卷，為作者平生博覽群書的劄記，繼承了清代前輩考據家和校讎家的遺風，綜覈群書，附以己見，兼對周秦諸子加以注釋和校勘，頗有獨到的見解。此書中，特別研究宋元以後的史學、西北地理；尤其注意於世界輿地之學，歐洲各國政體、科學技術，以及當時的國內政治新聞，

〔註18〕張舜徽《愛晚廬隨筆》之一《學林脞錄卷四》，華中師範大學出版社2005年版，第91頁。

〔註19〕張舜徽《愛晚廬隨筆》之一《學林脞錄卷八》，華中師範大學出版社2005年版，第181頁。

〔註20〕學苑出版社2004年版，第221～223頁。

還有清中葉以來，北方大乘教、無為教農民秘密集會的抗清運動、同治後沿海添弟會起義的經過。如卷一「印度語岐異最多，故其種人不相聯屬」，引《佛說》、《高僧傳》說明印度有方言。又《春秋》隱九年，《經》「三月癸酉，大雨震電」，《左傳》：「大雨霖，以震，此已不辭」。又曰：「凡雨，自三日以上為霖。」文氏認為既曰三日，《經》何以但書癸酉？指出杜注宜謂《經》無「霖」字、《經》誤，尤為謬妄。卷二多為與其師陳蘭甫討論學術之記，如「師謂廣州音於上下入之清濁皆可辨，是其佳處」，原因是唐末士大夫避亂南來者多，故中原之正音往往流傳嶺南也。此為真知灼見。又《莊子·養生主》「吾生也有涯」，《釋文》云「涯本又作崖」，文氏案郭注《大宗師》云「我生有崖」則作「崖」者，佐證《釋文》是正確的。卷三《通典》「大秦國，其王無常人，皆簡立賢者」，文氏認為「此亦後世民主之說」，故戊戌變法中的作者主張變法。又「《尸子》一書」，認為尸子不特非儒家，且與儒家為難者也，疑劉向校書時，將兩種《尸子》同名著作混為一書。卷四「《晉書·食貨志》不載鹽法」，文氏從《北堂書鈔》、《晉書·職官志》、《藝文類聚》、《太平御覽》等書網羅資材【開林按：恐有衍字】料，補正史之不足。卷五北齊造像各神，中有象主竹捌、竹花、竹秘等，文氏細考以為「竹」當與「須昌」、「孤黃苟」等均為希姓也，實為創見。卷六《輿地紀勝》安吉有孺山，注引《三吳土地記》，記徐孺子哭姚元起，實誤，湖州有徐孺子廟，徐哭姚當在此，可補孺子故實也。卷八「校古書必求其通，亦是一病，如《呂氏春秋·簡選篇》王子慶忌陳年」一段，指出清人言聲近者往往而誤，應該因聲求義。卷九多考《論衡》、《古文尚書疏證》、《弘明集》、《蒙古游牧記》、《唐會要》、李心傳《朝野雜記》、《困學紀聞》。卷十、十一多記本朝故實。卷十二記波斯、英國、梵語、日語，說明文氏已非常注意外面的世界。卷十三多雜考諸史。卷十四校《元史五行志序論》，有相當校勘價值。卷十五至十七為雜考經史。卷十八、十九考《涅槃經》、《佛本行經》、印度教及《放光般若經》、唐一行《字母表》，對宗教研究有參考價值。卷二十記古籍中有關佛教的記載，可資參考。卷二十一多為唐宋史實考訂與筆記評論。卷二十二多涉遼元明史。卷二十三、二十四多論佛教、日本佛法，是很珍貴的材料。卷二十五記回文字母、藏文字母、高麗文字母、安南文字，是罕見的資料。卷二十六詳述地動儀失傳過程，表現出文氏強烈的愛國之心。卷二十七記波斯字母。卷二十八雜考經史、西伯利亞地志、日語五音縱橫相

通圖等。卷二十九、三十多記佛經。卷三十一多記西伯利亞、滿、雲南麗江等地理，補《齊書·張融侍》之缺，均有參考價值。卷三十三記明、宋、唐人著作。卷三十四多為歷史地理。卷三十五、六為經史雜議；《朱子語類》卷百二十八「問朝見舞蹈之禮」，卷百二十六又云「丹經如《參同契》之類，已非老氏之學」；卷九十「如今祀山川天地神」，均提醒學者深入研究朱學。卷三十七記《困學紀聞》數條之誤、補正《元史》張德解、張柔、張禧事蹟。卷三十八記本朝謚議。卷三十九、四十多從筆記摘錄地理內容，加以考證。

有民國三十二年（1943）刊本。

撰稿用民國三十二年刊本。

司馬朝軍《續修四庫全書雜家類提要》〔註21〕

純常子枝語四十卷（清）文廷式撰

文廷式（1856～1904），字道希，號雲閣、芸閣，晚號純常子，萍鄉（今江西萍鄉）人。生於廣東，長於廣東，故有「嶺南即吾鄉」之句。光緒十六年（1890）進士。因反對慈禧專權，幾遭密令緝拿。戊戌變法後革職。著有《知過軒隨錄》、《補晉書藝文志》、《文道希遺詩》等書。生平事蹟見錢仲聯《文雲閣先生年譜》。

此書內容廣博，涉及政治、經濟、商業、歷史、地理、風俗、語言、文字、民族、宗教諸方面，多有妙論。如謂欲振中國之人才，必自廢科舉始；謂由公會而有公議，由公議而生律法，其初未嘗不與國君爭權，其後乃終能為國家立政；謂議院之設，宋太學已開其先聲，然正下與上同患之義，非下與上爭權之義；謂王船山《讀通鑑論》明本及末，知人論世，為奇偉之書；謂文章家不可不通小學；謂元、明經學尤遜於宋，此亦得失之關鍵；謂三教合一乃不知教者之言，及後世邪教依託之謬；謂愚民之術，後世以科目，乃民亦遂以自愚，非朝廷之獨智；謂論古者不宜以成敗觀人；謂仁非平等之學，義乃平等之學；謂仁者教之宗也，義者政之體也，純乎義以治國，則法律世界也；謂《陰符經》雖非黃帝書，不出於李筌，其書為兵家之書，不必強入之道家，尤不必附會於釋家；謂《意林》兼取諸家，真雜家者流，入之儒家非是；謂唐末學校最衰，故有五季之亂；謂《文中子》似非偽書；謂良知之說，陽明

〔註21〕商務印書館 2013 年版，第 324～325 頁。

不能守，不如徑改曰清淨本然，較良知二字為直指本體；謂六朝人猶以儒為一家，不即以為孔教；謂印度語歧異最多，故其種人不相聯屬。

文氏早年師承陳澧，略識經學門徑，故書中多錄其師之言。書中論《四庫提要》者多達十餘條，如謂劉邵《人物志》本道家之旨，《四庫提要》以為其學雖近名家，其理弗乖於儒，猶未推其本；謂紀文達《四庫提要》原稿有故事類，又錄其序；謂孫淵如《孫祠書目》略得阮孝緒簿錄之意，姚姬傳《惜抱軒書錄》略得曾南豐序書之意，二書源出劉、班，作於《四庫提要》之後，皆與紀文達顯示異同者。

此書稿本原藏漢口徐行可處，汪精衛得之，刻於南京。此本據民國三十二年刊本影印。

葛兆光《格西洋知識之義》〔註22〕

近來讀文廷式的《純常子枝語》，頗感慨那個時候的中國士人對新知的苦苦追求，看慣了也背熟了四書五經，對乍一進來的西洋東洋新知，總有那麼多的熱情，彷彿進了時尚商店的女子，把平常不經見的時裝穿了一件又一件，哪一件都好，於是一時捨不得脫下來。

只是理解上總有些問題，本來自己傳統中並沒有這些古怪新穎的東西，要一一指認，不免翻自己底囊的東西來解釋和命名，於是，佛教剛剛進入中國的時候常用的「格義」方法，便再一次充當著理解的鑰匙。文廷式看到西方醫學中有關於血脂壅塞導致死亡的血液循環學說，「以為人死之故，由於血管之小不能化生新血，而血管漸小之故，則由於食物中所含土質漸漸壅塞」，便想像「若能使血管千古如一，則千古不死也」，心裏覺得道教煉丹「必能滌除渣滓，使之融釋」滿有道理，〔註23〕正好用來理解西方醫學。

大概連他自己也覺得這是「格義」，在卷四中他抄了《高僧傳》卷四《竺法雅傳》關於「格義」的一段，並針對「中國儒書與天竺梵典，其理截然不同」發表了他的感想，他說後來由於儒釋多混通，使天竺佛典本義消失，也使儒術源流不可知，於是他「欲取釋藏中用儒籍與儒門中雜禪學者，詳搜廣集，勒成一書，以著其變易之跡」。對於過去的佛教他很清楚這種理解的問題，

〔註22〕葛兆光《無風周行》，上海書店出版社2007年版，第129～130頁。
〔註23〕閻林按：見《純常子枝語》卷二「化學之理」條。

可是，面對更新的西洋知識，他並不能分清「截然不同」的道理，也不能分辨「變易之跡」的歷史，這大約是因為他自己也「身在此山中」的緣故。難怪他看到電話和照相，就不像普通民眾以為見鬼攝魂，他倒毫不詫異，說傳音之器「能使前人之言後人聞之」、傳影之器「能使萬里之影咫尺見之」，這就是所謂「靈山一會，儼然未散之旨也，佛言唯此一事實，豈妄語哉」。

附錄四：《純常子枝語》簡目[註1]

卷一

中西法推節氣

西域音樂

說獶優

談喪禮

孝經大義

印度語歧異

張騫碑是唐碑

江都孫蘭兼通西學

讀左傳正義劄記

辟邪論

曆學疑問

姚文棟論雲南邊防

論書法

雜說

卷二

讀書雜識

陳蘭甫論學

潮州平賊記

熙朝宰輔錄之誤

[註 1] 廣陵書社 1990 年版《純常子枝語》卷首。

國史誤宰輔錄不誤

滿洲氏族難知

六科漢給事題名錄

特恩

御史題名錄

氣性

玉堂為翰林之稱

章表抬頭之始

抬寫三格自崇禎始

振中國人才必廢科目

于文襄屍諫

皇朝諡法攷與滿洲名臣傳紀載有差異

月令非周書

讀禮

各國文字之繁難

婆羅門天主教

木乃伊早見輟耕錄

賦稅

列子與佛經相參

溫公採老子之說

陳東塾喪服說

補宋元學案安默庵傳記之略

韓文靖遺事

李鄘辭平章舊史

焦里堂善讀管子

翰林院存書單

重王羲之字定經本

檀公辨誣

借用易學梁時已有

乩筆所引古書

蒙古繙譯

卷三

波斯封王

南州異物志

通典女國記載前後不相應

孫可之西南夷地點錯誤

盧抱經輓詩

阮元論漢學

文天祥

俞蔭甫六書精確

論學約指

讀書管見

道光朝俄羅斯進呈書籍目錄

乾嘉學術盛道光中頁寥落

舒援徐爰

詩補傳

周易啟蒙

四書反身錄

說經

漢碑證經

龔定菴

西人進富國策

孫淵如輯尸子

回回紅寶石

凌曉樓群書答問

趙東潛讀公羊傳

永樂大典掌故

董桂新讀書偶筆

聲律通考校譌

伏滔北徵記

俗用字各省皆隨聲而造

堂官

支那

古人服鐵

朱蘭坡茶說

袁州唐人集

鳳池本草

玉樹曲略

高僧傳三集

廣州駐防漢軍樊昆吾

補晉書食貨志之闕

堵繹吳三桂

蕙畝拾英集

續畫譜

梓人遺制

古泉滙精博

楚辭天問有誤字

婆餅焦

許慎大誤

撫州寫本

吾妻鏡補

卷五

二十二史感應錄

五行

天玉經偽書

補漢兵志

唐亡由諸侯之強

明代調募之害

考文子

黃山谷論詩

正德嘉靖皇城

釋石鼓文

吳梅村詩

隋羅靖墓誌

卜筮之例

陳本禮易林攷正

進長人

不寧侯

伊尹事錄

三試皆元

古城千佛洞事

黑教

宋寶祐四年登科錄

氏族書傅會虛造

道光間風俗好諛嗜利

會試作弊

雪中芭蕉

繡袍

天方二十九字母

婆羅門國

韓致光集

論錢劉詩

世說新語誤字

明智

須彌

湯居亳考

罕見姓氏

縉紳

北齊造象

浣溪沙詞

太常仙蝶

腦氣筋

道光光緒兩朝館選

杜詩史筆

篆勢

朱子欲輯三家詩

和林

地圖著色

裴晉公不滿昌黎

封驢封雞

二李倡和詩

包說

行年

痘疹定論

英吉利重金石考古

中書舍人

烏頭

原道

禹貢班義述

文信公好民誣告致死

詩草木蟲魚名多不可識

文選稿本

國朝典文衡最多

道藏

科場條例

評孟子字義疏證

西洋講求種植

中國人為唐人

埃及書法

音分古義

攘善

續釋

研神記

釋之

莊子逸篇

淨名疏

三十三天

天竺文體

讀徐騎省集

讀文選

讀抱朴子

卷九

鄒衍

記日

皇清經解不收閻百詩

奎張閣

孟子文異

黑水河

元祕史誤譯

俞理初勝張穆

宣夜家說

思辨錄不信沈括

漢代已知月食

謚文獻

試帖詩不許重字

乾隆會試

毛文龍意圖朝鮮

五通廟

偈頌

釋九

燃燭完卷

老先生之誤

思玄賦誤衍

陳東塾周濟林揚伯

笏字解

日本字學傳自釋家

回部語言

伊利河

西北域記

滿洲用蒙古文

天竺字母

托忒書

西番字母

新疆語言文字

緬字館

蠻書

江都孫蘭輿地隅說

華語考原

倉頡造字

交趾語言

中國之有四聲

希臘語有三聲

朝鮮日本方言

一字異體

爾雅十二歲名

天有六極

天有五常

上帝

佛老

國書用蒙古字為底本

俗曲期

名命二字相通

中國四聲各國所無

中國古音四聲俱備

說文疊韻

以言語分國

校湛然居士集

校墨子

續朋黨論

西域無憂樹

穀粱

張騫使外國

梵語調伏

辛稼軒進美芹十論

元文選目

攘夷

史漢之義

羊淹雞寒

對牛彈琴

顏習齋持論偏激

胡宏知言

孔北海詩

日本寺院

黑頭尚書白頭尚書

通鑒失史體

太史微言

論語

經史答問

議院之根本

議院宋已開先聲

漢高帝三章之法

明太祖以道德經治國

讀史記

唐失六朝舊法

柳河東評鄭玄

靈魂

生物難判

卷十六

古籍校讀

卷十七

神道設教

政教合一

五教

六德六行六藝

耶穌同源

強奉回教

釋迦生於錫蘭

論儒

逃墨必楊逃楊必儒

儒派

評史記律書

評遊俠列傳

韓非論儒

孔叢子論儒

卷十八

各國宗教溯源

汪中墨子序謬

子貢為孔子功臣

五常言各有當

元好問請為儒教大宗師

釋儒

重孝畏雷

皇帝即蘇爾旦

王充不知儒家流別

道藏所傳百分之一

墨子得五行記

鈔龔猶龍傳

讀佛經箋釋

中國文字不必直行

列子是東晉偽書

禮記王制

淨髮須知

農稷之官

燕噲親操耒耨

鴿島

桃花石

大賀氏

吟味官

琉球訓語文字

術赤補傳

天主

萬事隨轉燭出處

帝王信奉佛教

元定宗不信天主教

君主

民權

雷電之理

元言武庚

傅維鱗明書

西人稱中國

明大政纂要

大週刊定眾經目錄

續古今譯經圖紀

至元法寶勘同總錄

唐時求藥為真臘所欺

吉祥

北宋以前即有道藏

稱道士為先生

宋歐陽修重小學

唐置書學博士

孔子教書要錢

琀玉

倪元璐傳

群經正義

元明經學遜於宋

賜茶

坐而論道

太清樓特燕

沈括談中國衣冠

衣冠異制

熙寧洛陽猶唐裝

巾幘考

隋煬帝令臣服戎服

朝鮮人紗帽

宋人服裝

黃裳元吉

宋時罷廢經譯

景教碑書後

司鐸

輪迴

腦為記物之官

釋氏以國為姓

三古戰例

漢志考

近客章服

曬書堂筆錄

國容軍容

六朝男子髻樣

唐朱樸獻遷都議

執笏始於後周

三綱五常

佛經音義

偽故尚書

尊信緯說

三綱

同琋氏

矍姓

力姓

五行

五星

五音

地名不可解

額外員外郎

協辦大學士

兩尚書

卷二十三

漢晉用字假借甚寬

革今日科舉

印度苦練

越蛤

西域胡人姓極罕見

洪武詔禁胡人語言姓氏服裝

千家姓得姓一千六百九十八

金末多賜姓

呼圖克圖之死世宗親臨供茶

至正氏族漢人八種

漢時重人種

元史各教名考

至元辨偽錄

箭頭字

蛇堂

藏印邊務錄

火祆字攷

神仙家

波斯火教

高加索奉教表

隋唐婆羅門經籍藝文兩志

都利聿斯經傳倭

火教

火神

天主教與耶蘇教

天主教祭祀

民權

費大有前後二教

聖母行實

偉達經

大自在天

西窪神

日本佛法

日本佛學

日本佛教

淨土

唐師國寶之印

婆羅門種

黃教與禪異

通儒釋之郵

景教即猶太教

祆神

大小乘

日本神教

古天主教祭天用羔

十四音書

三十三字母

梵本

楚歌

鄉音感人

漢語鈔

日本中國語言文字可通

求語言之源

山西掘惕

散斯克

八思巴創蒙古新字

蒙古四十一字母

高麗字母

高麗方言

固麻城

一字讀二音

自西徂東

十三經詁答問

介甫解佛經

安南文字

稚川留心竺譯

苗疆聞見錄

宋真宗留意方言

朱育造異字

回地有碑而無拓

日本人談康熙字典

字典失收釋典字

外交雍正不如國初

和林金石攷

遊琉球記

傅蘭雅記古石

海防臆測

奇門之學

楚詞與詩相通

捐納知縣

卷二十七

索倫語

日本語

鮮卑語

高麗方言

東京羅馬字會

宏治無暹羅譯字官

南詔趙叔達詩

波斯事情

蒙古字淵源

分野之說荒誕

叔孫禮樂蕭何律

地動儀

漢近三代流風

起世經

回鶻

使于闐記

條支

烏萇國

隋煬帝通波斯

海國圖志說誤

回語謂漢人曰和臺

阿郎

波羅尼國

南北宗

辨學遺牘

靈言蠡勺

喬松年劄記

僻姓

希姓

八陣圖

康熙時寺廟數

唐敕日本國王書

鄭康成注

俄人稱中國

猶太人種

古教彙參

沈子敦西遊記

元祕史

江西

奇技奇器

薛仁貴

王制

素隱行怪

元史譯文證補誤駁

阿羅思

燒丹鍊汞偏於西域

演打鬼法

揚州回回墓

回人西人鍊丹

國語賦詩

獠子

輟耕錄記苗俗

記古鏡

五音縱橫相通圖

清代月蝕

朝服

刑統

神滅論

閱藏知津

哲學與佛教

哲學分為三期

文行忠信

與竇納樂自誓

百丈清規

天教

卷三十

三教同原

法蘭西天主教

佛教燒身

郝蘭皋筆錄

延壽新法

天教盛衰

三戒

婆羅門教

中國與印度

創回教地

米南宮西域人

羅馬族長制

西藏風俗

太陽經出自明遺老

回教信占驗說

文中子之卓識

偽儒亡國

釋氏石經考

論怪力亂神

天宗二字之始

書評二則

法蘭西哲學

箕筆聚眾

永樂大典輯佚元鐵圍山

關公張飛

永樂大典輯佚鐵圍山叢談

印度探地記

漢書已程不國

永樂大典校齊書

同言中國所指不同

衣制

寧古塔紀略

孔子與天主教

日本游泳術

四庫提要原稿

卷三十三

太乙即上帝

水經載張天師

文萊

九宮

楚辭東皇太一

奇姓

醫難

胡服

煤油原始

華事夷言

炸藥轟石

元蒙古文字沿革

南海諸番文字

南方巫教

跳神

緬甸圖說

回俗紀聞

金元已有槍砲

鄉試二字出唐詩

文天祥有賢妹

唐末権酤之政

卷三十四

苗疆見聞雜記

中國種族

三苗

類族辨物

南洋諸島

真臘

西征紀程

滿洲語

夷狄

嶺外代答

南州志

匈奴

倭國

華夏

滿洲源流

苗疆聞見錄

萬國史記總說

十二族分疆圖

漢人八種

王會解

滇南事略

李龍眠蕃貢圖

王會圖

希臘意大利二族

元祕史

北使記

道光三場試策
螢雪叢說
阿喇伯學校
清代滿漢可以結姻
俞理初地丁原始
乾隆創分十二字頭
經後有咒
中國人種
通蒙古文成絕響
康熙待漢臣之厚
纂修明史始末
喇嘛供佛
元音二十九
文選注互異誤
西畫通光學
唐登科記重出
三教合一
水經清水注

卷三十六
說教
引書注卷數
花卉
元制長官
關帝廟
天師家傳
關東通鑒
黃教喇嘛
雍正尊孔
荷蓧丈人
政與政爭
明太祖禁密宗

挑蝦

春秋通說

古無去聲

四庫館軼事

遼史兵衛志

段玉裁妄改字

卷三十八

大典輯佚元太常集禮

大典輯佚莫愁湖志補正

明正德發現煤油礦

大典輯佚地理叢考幽州

大典輯佚南史

卷三十九

讀書劄記

風角家

老弱不受刑

六朝詩句可證經典

神仙之說

耳識目識

唐毀佛寺

明僧人數

錫蘭國

明蒙文不能譯讀

明倭求通表

巫神

文中子

駁配饗不當疏

朱子留心注疏

甲賦

草莽

附錄五：文廷式著述 〔註1〕

錢仲聯《文廷式年譜》所載「先生平生著述」〔註2〕

《經義叢鈔續編》美國芝加哥大學遠東圖書館藏手稿。

《左傳正義雜記》一冊。易培基藏有稿本。按已收入《純常子枝語》。

《雙聲譬況字考》見《純常子枝語》。

《晉書補逸》一冊。易培基藏有稿本。美國芝加哥大學遠東圖書館藏手物。

《補晉書藝文志》四卷，已刊行。族譜、《昭萍志略・人物志》、《藝文志》並著錄。開明書店收入《二十五史補編》。湖北省圖書館藏有手稿。

《元史錄正》族譜、《昭萍志略・人物志》並著錄。

《元史西北地坿考》一冊。易培基藏有稿本。袁昶《安般簃集》《酬文道希》詩自注，稱先生撰《西域釋地》，疑即此書。

《元史會要》《通鑒注地理今釋》俱見先生與於晦若手札所稱。

《黃帝政教考》一卷。湖北省圖書館藏手稿。備禺汪氏藏有鈔本。

《軒轅氏文徵》不分卷。湖北省圖書館藏手稿。

《伊尹事錄》一卷。湖北省圖書館藏手稿。番禺汪氏藏有鈔本。

《文氏世錄》一卷。汪曾武《萍鄉文道希學士事略》、族譜、《昭萍志略・人物志》並著錄。

〔註1〕汪叔子編《文廷式集》第四冊《文廷式著書知見目錄》（第 1874～1928 頁）論列甚為詳備，篇幅較大，茲不錄。

〔註2〕錢仲聯《文廷式年譜》，《中華文史論叢》1982 年第 4 輯，第 316～319 冊。

《中興政要輯本》一卷。輯自《永樂大典》。見《振綺堂叢書》二集。

《經世大典輯本》三冊。輯自《永樂大典》。易培基藏有稿本。先生又自《永樂大典》鈔出《元高麗紀事》、《元代畫塑記》、《大元倉庫記》、《大元氈罽工物記》、《大元官制雜記》五種，並見《廣倉學窘叢書》甲類第二集。

《經史百家制度》一卷。藏北大圖書館。

《宋狀元及第圖》藏北大圖書館。

《宏詞綱要》一卷。藏北大圖書館。

《旋江日記》一冊。易培基藏有稿本。手稿今藏美國芝加哥大學遠東圖書館。葉遐庵先生有鈔本。曾刊載於《青鶴雜志》，作《旅江日記》。

《吳輈日記》一冊。易培基藏有稿本。葉遐庵先生有鈔本。曾刊載於《青鶴雜誌》，作《南輈日記》。

《南旋日記》一冊。易培基藏有稿本。葉遐庵先生有鈔本。

《東遊日記》一冊。易培基藏有稿本。

《日記》一冊。易培基藏有稿本。

《日記》不分卷，清光諸二年。湖北省圖書館藏手稿。

《越縵堂日記批註》曾刊載於《青鶴雜志》。

《聞塵偶記》一卷。汪曾武《萍鄉文道希學士事略》、族譜、《昭萍志略·人物志》並著錄。曾刊載於《青鶴雜志》。

《奏議》族譜云：「二卷。」《昭萍志略·人物志》云：「六卷。」

《知過軒日錄》一冊。易培基藏有稿本。葉遐庵先生有鈔本。

《道藏目錄》一冊。易培基藏有稿本。葉遐庵先生有鈔本。

《清人著述目錄》七冊。易培基藏有稿本。

《春秋學術考》汪曾武《萍鄉文道希學士事略》云：「稿本十冊。」

《釋儒》見《純常子枝語》所稱。

《諸子雜記》一冊。易培基藏有稿本。

《墨子格術解》一冊。易培基藏有稿本。

《解惑篇》一冊。易培基藏有稿本。

《羅霄山人醉語》一冊。易培基藏有稿本。葉遐庵先生有鈔本。曾刊載於《同聲月刊》。

《純常子枝語》四十卷。民國三十二年（一九四三），番禺汪氏出貲，交陳氏澤存書庫刊版。一九七九年，江蘇廣陵古籍刻印社用原版重印，增目錄。汪刻所據稿本凡四十巨冊。

族譜、《昭萍志略・人物志》俱云：「三十二卷。」汪曾武《萍鄉文道希學士事略》云：「稿本二十餘冊。」按：易培基所藏稿本凡九冊。葉遐庵先生有沙本。

《交州記》一卷。藏北大圖書館。

《畫墁雜錄》一卷，湖北省圖書館藏手稿。《芳蓀室譚錄》、《美意延年室雜鈔》俱見族譜，《昭萍志略・人物志》著錄。易培基藏有《美意延年室鈔書》稿本二冊。

《擷芳錄》一卷。

《伐山取材》一卷。

《讀書偶記》不分卷。

《寄言》一卷。以上四種，湖北省圖書館藏手稿。

《知過軒隨錄》易培基藏有稿本六冊。手稿今藏美國芝加哥大學遠東圖書館，五卷，其書目卡片注云：「不全」。葉遐庵先生鈔五冊。汪曾武《萍鄉文道希學士事略》云：「四卷。」按《純常子枝語》，此書乃鈔《永樂大典》中詩文及說部之冷僻者，得千餘紙。

《知過軒日鈔》、《知過軒隨筆》俱曾刊載於《青鶴雜志》。

《知過軒譚屑》一冊。易培基藏有稿本。

《琴風餘譚》一卷。汪曾武《萍鄉文道希學士事路》著錄。葉遐庵先生有鈔本。曾刊載於《同聲月刊》。

《維摩語》族譜、《昭萍志略・人物志》並著錄。

《雜說》一冊。易培基藏有稿本。葉遐庵先生有鈔本。

《雜記》一冊。易培基藏有稿本。

《純常子文稿》不分卷，湖北省圖書館藏手稿。

《知過軒文稿》族譜、《昭萍志略・人物志》並著錄。易培基藏先生詩文稿九冊。葉遐庵先生鈔八冊。

《補過軒文稿》一卷，湖北省圖書館藏手稿。

《知過軒文集》族譜著錄。《昭萍志略・人物志》作《補過軒文集》。

《芳蓀室律賦》一卷，湖北省圖書館藏手稿。

《雲起軒詩鈔》族譜著錄。有排印本。

《文道希先生遺詩》民國己巳（一九二九）葉遐庵先生所輯，仿宋活字刊行。分類之中，略寓先後。

《雲起軒詞鈔》族譜、《昭萍志略・人物志》、《藝文志》並著錄。先生門人南陵徐乃昌刊行。開明書店收入《清名家詞》中。

　　《雲起軒詞手稿》民國甲戌秋南京王氏娛生軒影印。王瀣跋云：「右文道希先生《雲起軒詞手稿》一冊，光緒甲辰春，余假以承副。是秋，先生殤於湘中，此冊遂留藏木齋家。今春木齋之子伯舉持來商付影印。」余按此稿較徐刻缺四十二首，然如《點絳唇・布被新霜》一首，《單調風流子》一首，《望江南・秋色好》二首，刻本亦未載。稿中書有年月者，如《齊天樂・再遊龍華》一首，《念奴嬌・答皮麓門》一首，《點絳唇・九日》一首，《八歸・答沈子培》一首，刻本並佚其年。兩本敘次全異。此稿影出，既可參校字句，尤與先生身世出處所關非細。萬載龍沐勳有《重校集評雲起軒詞》刊載於《同聲月刊》。

　　汪曾武《萍鄉文道希學士事略》曰：「《純常子枝語》稿本二十餘冊，《知過軒隨錄》四卷，《琴風餘譚》一卷，《聞塵偶記》一卷，《春秋學術考》稿本十冊，《文氏世錄》一卷。君歿，散佚殆盡。既為其弟法和以重價購歸，未付剞劂，至今藏於家。」

　　葉遐庵先生曰：「先生遺稿有手稿，有鈔本，有傳鈔本。手稿及鈔本有不少散失在外，法和所購，僅一小部耳。易寅村培基，民國二十年（一九三一）存在南方之文氏著作稿，凡二十三種，五十三冊。」葉先生已鈔者凡九種，未鈔者易氏有無遺失，及存在何處，皆不可知。又易氏所藏，有一部分存北京及長沙者，不在此二十三種之數。

趙鐵寒編《文芸閣（廷式）先生全集》目錄〔註3〕

〔註3〕沈雲龍主編《近代中國史料叢刊續編》第14輯，文海出版社1976年版。

附錄六：文廷式詩校勘舉例

　　李伯元《南亭四話》卷二《莊諧詩話》有「道希遺筆」條〔註1〕，錄文廷式詩七首，已見錄陸有富博士整理的《文廷式詩詞集》，但詩題、文字時有異同，可作校勘之用。錄如下：

　　萍鄉文道希學士芸閣，嘗有《題巢民菊飲詩卷》。是卷為江建霞太史持贈冒鶴亭孝廉者，今藏鶴亭家，故乞道希加墨也。詩曰：

　　有客蕭然感逝光，水邊籬下惜芬芳。

　　久同皂帽稱遺老，為愛黃絁近道妝。

　　陶令停雲還憶友，少陵漏雨欲移床。

　　寂寥二百年間事，留與君家翰墨香。

> 開林按：此及下一首見《文廷式詩詞集·知過軒詩補遺》（第169頁），題
> 《為冒鶴亭題其先世菊飲卷子初失去亡友江建霞得之以還鶴亭》。
> 「惜」，《文廷式詩詞集》作「寄」。
> 「妝」，《文廷式詩詞集》作「裝」。

　　良朋相贈等瓊琚，兩度滄桑事久如。

　　漫擬亡弓仍楚得，可憐獲璧是秦餘。

　　山陽聞笛心多感，漢上題襟意已疏。

　　三載杳然成一夢，那堪重答秣陵書？

　　按：鶴亭為闓疆之後。江建霞雅負時望，其歸道山也，海內惜之。道希尤舉世所倚重，而又長辭濁世，返證涅槃。追錄遺詩，不禁中原之感矣。

〔註1〕李伯元《南亭四話》，江蘇古籍出版社2000年版，第125～127頁。

道希又有《詠唐高祖》絕詩一首云：

圍棋賭墅論兵機，傳箭聊城未解圍。

千古英雄獨惆悵，秦王十八已龍飛。

> 開林按：見《文廷式詩詞集·知過軒詩補遺》（第 181 頁），題《詠史》。
>
> 「圍」，《文廷式詩詞集》作「賭」。
>
> 「賭」，《文廷式詩詞集》作「別」。
>
> 「論」，《文廷式詩詞集》作「是」。
>
> 「傳箭」，《文廷式詩詞集》作「射笴」。
>
> 「獨惆悵」，《文廷式詩詞集》作「惆悵處」。

曾重伯太史曰：題目不如改為「觀弈」，「圍棋」二字若易「何人」，「傳箭」二字若易「一角」，「獨惆悵」三字若易「空白首」，則趣味較為深遠矣。

又《贈盛伯希祭酒》詩云：

郁華閣裏警秋聲，道在忘身況強名。

十葉承華真帝胄，五經通貫老儒生。

如聞撫劍憂邊塞，復此銜杯樂聖明。

未敢勸君焚芰製，寂寥太學想陽城。

> 開林按：見《文廷式詩詞集·知過軒詩鈔》（第 77 頁），題《贈宗室伯羲祭酒盛昱》。
>
> 「如」，《文廷式詩詞集》作「似」。

幽人杖策江頭立，潮去潮來變古今。

晉代衣冠半南渡，漢家城闕又秋陰。

鯨鯤跋浪連山蹙，虎豹當關白日沉。

曾記敷衽謁虞舜，浮雲西北此時心。

> 開林按：見《文廷式詩詞集·知過軒詩鈔》（第 143 頁），題《幽人》。
>
> 「變」，《文廷式詩詞集》作「自」。
>
> 「城」，《文廷式詩詞集》作「陵」。
>
> 「記」，《文廷式詩詞集》作「踞」。

文學士遺詩，零落殆盡。昨見學士手書橫幅，有詩二律，吉光片羽，猶在人間，亟錄之，以餉所謂貞元朝士者。

修門芳草色萋萋，此去關河路不迷。

千里久思黃鵠舉，一春常怪亂鴉啼。

參差島嶼雲初變，迢遞鄉臺日易低。

驛館燈昏沉睡裏，何因不唱汝南雞？

　　開林按：見《文廷式詩詞集・知過軒詩鈔》（第 112 頁），題《修門》。

　　「關河」，《文廷式詩詞集》作「天涯」。

　　「常怪」，《文廷式詩詞集》作「長笑」。

　　「鄉臺」，《文廷式詩詞集》作「關河」。

寰宇悲風激，波濤迫歲除。

飲江天竺馬，攤市茂陵書。

芳物朝餐菊，冥心夕據梧。

寂寥人世改，吾計定全疏。

　　開林按：見《文廷式詩詞集・知過軒詩補遺》（第 163 頁），題《歲暮》。

　　「宇」，《文廷式詩詞集》作「寓」。

徵引文獻

（按著者姓名音序排列）

A

1. 〔清〕阿桂《滿洲源流考》，文淵閣四庫全書本。
2. 〔英〕艾約瑟編譯《歐洲史略》，清光緒丙戌總稅務司署刻本。
3. 〔英〕艾約瑟《希臘志略》，光緒戊戌（二十四年）仿泰西法石印本。
4. 〔元〕安熙《默庵集》，文淵閣四庫全書本。

B

1. 〔唐〕白居易《白氏長慶集》，四部叢刊景日本翻宋大字本。
2. 〔漢〕班固《白虎通德論》，四部叢刊景元大德覆宋監本。
3. 〔漢〕班固撰，〔唐〕顏師古注《漢書》，中華書局 1962 年版。
4. 〔宋〕包拯《包孝肅奏議》，文淵閣四庫全書本。
5. 〔宋〕鮑彪《戰國策注》，宋紹熙二年刻本。
6. 〔清〕畢亨《九水山房文存》，清咸豐二年聊城楊以增海源閣刻本，《清代詩文集彙編》第 451 冊，上海古籍出版社 2010 年版。
7. 〔清〕畢沅《關中金石記》，清乾隆經訓堂刻本。
8. 〔清〕畢沅《山左金石志》，清嘉慶刻本。
9. 卞東波《宋代詩歌總集新考》，《中國韻文學刊》2013 年第 2 期。
10. 〔清〕斌良《抱沖齋詩集》，清光緒五年崇福湖南刻本。

C

1. 〔漢〕蔡邕《琴操》，清平津館叢書本。

2. 〔宋〕蔡正孫《詩林廣記》，文淵閣四庫全書本。

3. 〔清〕曹申吉輯《澹餘筆記》，藕香零拾本。

4. 〔清〕曹樹翹《滇南雜誌》，清光緒申報館鉛印申報館叢書本。

5. 〔明〕曹學佺《蜀中廣記》，文淵閣四庫全書本。

6. 〔三國〕曹植《曹子建集》，四部叢刊景明活字本。

7. 〔宋〕晁補之《雞肋集》，四部叢刊景明本。

8. 〔宋〕晁公武《昭德先生郡齋讀書志》，四部叢刊三編景宋淳祐本。

9. 〔宋〕晁載之《續談助》，清十萬卷樓叢書本。

10. 〔宋〕陳葆光《三洞群仙錄》，明正統道藏本。

11. 〔清〕陳澹然《江表忠略》，沈雲龍主編《近代中國史料叢刊》第 20 輯第 197 冊，文海出版社 1973 年版。

12. 陳登原《國史舊聞》（第 2 分冊），中華書局 2000 年版。

13. 〔清〕陳鼎《滇黔紀遊》，清康熙說鈴本（《四庫全書存目叢書》史部第 255 冊）。

14. 〔宋〕陳東《少陽集》，明正德刻本。

15. 〔宋〕陳公亮《淳熙嚴州圖經》，清漸西村舍彙刊本。

16. 〔清〕陳弘緒《江城名蹟》，文淵閣四庫全書本。

17. 〔清〕陳康祺《郎潛紀聞二筆》，清光緒刻本。

18. 〔清〕陳康祺《壬癸藏劄記》，清光緒刻本。

19. 〔清〕陳沆著；宋耐苦，何國民編校《陳沆集》，湖北教育出版社 2002 年版。

20. 〔清〕陳澧《東塾讀書記》，清光緒刻本。

21. 〔清〕陳澧《東塾集》，清光緒十八年菊坡精舍刻本。

22. 〔清〕陳澧《聲律通考》，清咸豐十年殷保康廣州刻本。

23. 〔宋〕陳亮《龍川集》，清宗廷輔校刻本。

24. 〔清〕陳夢雷等編纂《欽定古今圖書集成》，清光緒三十年（1904）上海圖書集成鉛版印書局鉛印本。

25. 〔清〕陳慶鏞《籀經堂類稿》，清光緒九年刻本。

26. 陳三立著，李開軍校點《散原精舍詩文集》，上海古籍出版社 2014 年版。

27. 〔晉〕陳壽撰，〔宋〕裴松之注《三國志》，中華書局 1959 年版。

28. 〔清〕陳維崧《湖海樓詩集》，清刊本。

29. 陳曉蘭《〈蕙畝拾英集〉遺文考》，《北京大學中國古文獻研究中心集刊》2015 年第 1 期。

30. 陳衍撰，陳步編《陳石遺集》，福建人民出版社 2001 年版。

31. 陳衍《石遺室詩話》，朝華出版社 2017 年版。

32. 〔宋〕陳暘《樂書》，文淵閣四庫全書本。

33. 〔明〕陳禹謨《駢志》，文淵閣四庫全書本。

34. 〔宋〕陳元靚《歲時廣記》，清十萬卷樓叢書本。

35. 〔清〕陳鱣《簡莊疏記》，民國適園叢書本。

36. 〔宋〕陳振孫《直齋書錄解題》，清武英殿聚珍版叢書本。

37. 〔清〕陳忠倚《清經世文三編》，清光緒石印本。

38. 〔清〕陳祚明《采菽堂古詩選》，清刻本。

39. 〔宋〕程大昌《演繁露》，清學津討原本。

40. 〔元〕程鉅夫《雪樓集》，文淵閣四庫全書本。

41. 〔清〕程瑤田《儀禮喪服文足徵記》，清嘉慶刻通藝錄本。

42. 〔宋〕程顥、程頤《二程遺書》，文淵閣四庫全書本。

43. 〔明〕程敏政《新安文獻志》，文淵閣四庫全書本。

44. 〔宋〕程頤《伊川程先生周易傳》，元刻本。

45. 程章燦《論〈全上古三代秦漢三國六朝文〉之闕誤》，《南京大學學報》1995 年第 1 期。

46. 〔清〕成孺《史漢駢枝》，叢書集成初編本。

47. 〔清〕褚廷璋《乾隆皇輿西域圖志》，文淵閣四庫全書本。

48. 〔晉〕崔豹《古今注》，四部叢刊三編景宋本。

49. 〔宋〕崔敦禮《芻言》，清函海本。

50. 〔北魏〕崔鴻《十六國春秋》，明萬曆刻本。

D

1. 〔漢〕戴德《大戴禮記》，四部叢刊景明袁氏嘉趣堂本。

2. 〔清〕戴望《顏氏學記》，清同治冶城山館刻本。

3. 〔清〕戴震《孟子字義疏證》，中華書局 2008 年版。

4. 〔宋〕鄧名世《古今姓氏書辯證，叢書集成初編本。

5. 〔清〕丁丙《善本書室藏書志》，清光緒刻本。

6. 〔清〕丁仁《八千卷樓書目》，民國本。

7. 〔清〕丁芮樸《風水祛惑》，清光緒刻月河精舍叢鈔本。

8. 〔清〕董誥等編《全唐文》，清嘉慶內府刻本。

9. 〔清〕董含撰，致之校點《三岡識略》，遼寧教育出版社 2000 年版。

10. 〔明〕董斯張《吹景集》，明崇禎二年韓昌箕刻本。

11. 〔宋〕董逌《廣川畫跋》，清十萬卷樓叢書本。

12. 〔清〕董祐誠《董方立文集》，清同治八年刻董方立遺書本。

13. 〔漢〕董仲舒《春秋繁露》，清武英殿聚珍版叢書本。

14. 〔漢〕董仲舒著，〔清〕蘇輿義證《春秋繁露義證》，清宣統刊本。

15. 〔明〕都卬《三餘贅筆》，叢書集成初編本。

16. 〔唐〕杜甫著，〔清〕仇兆鰲《杜詩詳注》，文淵閣四庫全書本。

17. 〔唐〕杜牧著，〔清〕馮集梧注《樊川詩集注》，清嘉慶德裕堂刻本。

18. 〔唐〕段成式《酉陽雜俎》，四部叢刊景明本。

19. 〔清〕段玉裁《經韻樓集》，清嘉慶十九年刻本。

20. 〔清〕段玉裁《說文解字注》，清嘉慶二十年經韻樓刻本。

E

1. 〔清〕鄂爾泰《詞林典故》，文淵閣四庫全書本。

F

1. 〔古印度〕法救菩薩造，〔後秦〕竺佛念譯《出曜經》，《磧砂大藏經》第 89 冊，線裝書局 2005 年版。

2. 〔唐〕樊綽《蠻書》，清武英殿聚珍版叢書本。

3. 〔清〕樊增祥《樊山集》，清光緒十九年渭南縣署刻本。

4. 〔宋〕范成大《范石湖集》，上海古籍出版社 2006 年版。

5. 〔宋〕范處義《詩補傳》，文淵閣四庫全書本。

6. 〔宋〕范曄撰，〔唐〕李賢等注《後漢書》，中華書局 1965 年版。

7. 〔宋〕范致明《岳陽風土記》，明刻百川學海本。

8. 〔宋〕范祖禹《唐鑒》，明弘治刻本。

9. 〔清〕方東樹《考槃集文錄》，清光緒二十年刻本。

10. 方豪《中西交通史》，上海人民出版社 2015 年版。

11. 〔清〕方濬師《蕉軒隨錄》，清同治十一年刻本。

12. 〔清〕方濬頤《二知軒文存》，清光緒四年刻本。

13. 〔明〕方孔炤《全邊略記》，明崇禎刻本。

14. 〔清〕方內散人（萬潛齋）《南北合參法要》，湯一介主編《道書集成》第 49 冊，九洲圖書出版社 1999 年版。

15. 〔清〕方以智《浮山集》，清康熙此藏軒刻本。

16. 〔清〕方以智《通雅》，文淵閣四庫全書本。

17. 〔唐〕房玄齡等撰《晉書》，中華書局 1974 年版。

18. 〔清〕馮班《鈍吟雜錄》，清借月山房彙鈔本。

19. 〔清〕馮桂芬《校邠廬抗議》，清光緒十年豫章刻本。

20. 〔明〕馮惟訥《古詩紀》，文淵閣四庫全書本。

21. 〔漢〕伏勝《尚書大傳》，四部叢刊景清刻左海文集本。

G

1. 〔晉〕干寶《搜神記》，明津逮秘書本。

2. 〔明〕高啟《高太史大全集》，四部叢刊景明景泰刊本。

3. 〔明〕高儒《百川書志》，清光緒至民國間觀古堂書目叢刊本。

4. 高山杉《〈散斯克小文典〉———讀〈純常子枝語〉箚記之一》，《南方都市報》2011 年 6 月 19 日。

5. 〔唐〕高適著，孫欽善校注《高適集校注》，上海古籍出版社 2014 年版。

6. 〔宋〕高似孫《史略》，古逸叢書景宋本。

7. 〔唐〕高彥休《唐闕史》，明萬曆十六年談長公鈔本。

8. 〔漢〕高誘《戰國策注》，士禮居叢書景宋本。

9. 〔晉〕葛洪《抱朴子內篇》，四部叢刊景明本。

10. 〔晉〕葛洪《抱朴子外篇》，四部叢刊景明本。

11. 〔晉〕葛洪《涉史隨筆》，清知不足齋叢書本。

12. 〔宋〕葛勝仲《丹陽集》，文淵閣四庫全書本。

13. 葛兆光《無風周行》，上海書店出版社 2007 年版。

14. 葛兆光《關於近十年中國近代佛教研究著作的一個評論》，見《西潮又東風：晚清民初思想、宗教與學術十講》附錄三，上海古籍出版社 2006 年版。

15. 〔清〕耿文光《萬卷精華樓藏書記》，《山右叢書初編》本。

16. 〔清〕龔自珍《定盦全集》，清光緒二十三年萬本書堂刻本。

17. 〔清〕顧八代《敬一堂詩鈔》，清乾隆十五年刻本。

18. 〔明〕顧起元《說略》，文淵閣四庫全書本。

19. 〔清〕顧嗣立《元詩選》，文淵閣四庫全書本。

20. 〔清〕顧文彬《過雲樓書畫記》，清光緒刻本。

21. 〔清〕顧炎武《日知錄》，清乾隆刻本。

22. 〔清〕顧炎武《日知錄之餘》，清宣統二年吳中刻本。

23. 〔清〕顧炎武《亭林詩文集》，四部叢刊景清康熙本。

24. 〔清〕管禮耕《操齋遺書》，《叢書集成續編》第 141 冊，上海書店出版社 1994 年版。

25. 〔清〕管世銘《讀雪山房雜著》，清光緒十二年（1886）江陰金氏刻本。

26. 〔清〕管同《因寄軒文集》，清道光十三年管氏刻本。

27. 〔清〕桂馥《札樸》，清嘉慶十八年李宏信小李山房刻本。

28. 〔清〕桂馥《晚學集》，清道光二十一年刻本。

29. 〔清〕桂文燦《經學博採錄》，民國刻敬躋堂叢書本。

30. 〔宋〕郭茂倩《樂府詩集》，四部叢刊景汲古閣本。

31. 〔宋〕郭若虛《圖畫見聞志》，明津逮秘書本。

32. 〔清〕郭嵩燾《養知書屋集》，清光緒十八年刻本。

H

1. 〔宋〕韓淲《澗泉日記》，清武英殿聚珍版叢書本。

2. 〔戰國〕韓非著，（清）王先慎撰集解；鍾哲點校《韓非子集解》，中華書局 1998 年版。

3. 〔清〕韓泰華《無事為福齋隨筆》，叢書集成初編本。

4. 〔唐〕韓偓《翰林集》，清嘉慶十五年王遐春麟後山房刻本。

5. 寒冬虹編《文物要籍解題》，書目文獻出版社 1996 年版。

6. 〔清〕杭世駿《道古堂全集》，清乾隆四十一年刻光緒十四年汪曾唯修本。

7. 〔唐〕韓愈著，〔宋〕魏仲舉注《五百家注昌黎文集》，文淵閣四庫全書本。

8. 〔清〕郝懿行《曬書堂集》，清光緒十年東路廳署刻本。

9. 〔清〕郝懿行《荀子補注》，清嘉慶光緒間刻郝氏遺書本。

10. 〔清〕郝懿行《證俗文》，清光緒東路廳署刻本。

11. 何東萍《談〈純常子枝語〉之出版》，《萍鄉高等專科學校學報》2012 年 01 期。

12. 〔明〕何孟春《餘冬錄》，嶽麓書社 2012 年版。

13. 〔明〕何喬遠，張德信、商傳、王熹點校《名山藏》，福建人民出版社 2010 年版。

14. 〔清〕何秋濤《校正元聖武親征錄》，清光緒小漚巢刻本。

15. 〔清〕何秋濤《朔方備乘》，清光緒刻本。

16. 〔清〕何紹基《東洲草堂文鈔》，清光緒刻本。

17. 〔宋〕何溪汶《竹莊詩話》，文淵閣四庫全書本。

18. 〔清〕賀長齡《清經世文編》，清光緒十二年思補樓重校本。

19. 恒強校注《增一阿含經》，線裝書局 2012 年版。

20. 〔宋〕洪皓《松漠記聞》，明顧氏文房小說本。

21. 洪鈞《元史譯文證補》，河北人民出版社 1990 年版。

22. 〔宋〕洪邁《容齋隨筆》，清修明崇禎馬元調刻本。

23. 〔宋〕洪邁《夷堅支志》，清景宋鈔本。

24. 〔宋〕洪适《隸釋》，四部叢刊三編景明萬曆刻本。

25. 〔清〕洪頤煊《讀書叢錄》，清道光二年富文齋刻本。

26. 〔明〕胡廣《性理大全書》，文淵閣四庫全書本。

27. 〔明〕胡翰《胡仲子集》，文淵閣四庫全書本。

28. 〔宋〕胡宏《胡子知言》，文淵閣四庫全書本。

29. 〔清〕胡聘之《山右石刻叢編》，清光緒二十七年刻本。

30. 〔清〕胡渭《禹貢錐指》，文淵閣四庫全書本。

31. 〔明〕胡應麟《少室山房筆叢》，明萬曆刻本。

32. 胡玉縉撰；吳格整理《續四庫提要三種》，上海書店出版社 2002 年版。

33. 〔明〕胡震亨《唐音癸籤》，文淵閣四庫全書本。

34. 〔漢〕桓寬著，王利器校注《鹽鐵論校注》，中華書局 1992 年版。

35. 〔唐〕皇甫湜《皇甫持正集》，四部叢刊景宋本。

36. 〔宋〕黃伯思《東觀餘論》，宋刻本。

37. 〔宋〕黃朝英《靖康緗素雜記》，清守山閣叢書本。

38. 〔宋〕黃徹《䂬溪詩話》，清知不足齋叢書本。

39. 黃鴻壽《清史紀事本末》，民國三年石印本。

40. （清）黃薦鶚著；夏遠鳴、劉奕宏、黃童校注《適可廬詩集校注》，暨南大學出版社 2017 年版。

41. 〔清〕黃鈞宰《金壺七墨》，清同治十二年刻本。

42. 〔清〕黃楙材《得一齋雜著四種》，《叢書集成續編》第 168 冊，上海書店出版社 1994 年版。

43. 〔清〕黃丕烈《士禮居藏書題跋記》，清光緒十年滂喜齋刻本。

44. 舊題〔漢〕黃石公《三略》，續古逸叢書景宋刻武經七書本。

45. 〔清〕黃式三《儆居集》，清光緒十四年續刻本。

46. 〔宋〕黃庭堅《山谷外集》，文淵閣四庫全書本。

47. 〔宋〕黃庭堅《豫章黃先生文集》，四部叢刊景宋乾道刊本。

48. 〔明〕黃訓《名臣經濟錄》，文淵閣四庫全書本。

49. 〔明〕黃瑜《雙槐歲鈔》，清嶺南遺書本。

50. 〔宋〕黃震《黃氏日鈔》，元後至元刻本。

51. 〔明〕黃衷《海語》，民國景明寶顏堂祕笈本。

52. 〔清〕黃宗羲《明儒學案》，沈善洪主編《黃宗羲全集》本，浙江古籍出版社 1992 年版。

53. 〔明〕黃宗羲《明夷待訪錄》，沈善洪主編《黃宗羲全集》本，浙江古籍出版社 1992 年版。

54. 〔明〕黃宗羲《南雷文定》，沈善洪主編《黃宗羲全集》本，浙江古籍出版社 1992 年版。

55. 〔清〕黃宗羲《宋元學案》，沈善洪主編《黃宗羲全集》本，浙江古籍出版社 1992 年版。

56. 〔清〕黃遵憲《日本國志》，天津人民出版社 2005 年版。

57. 〔清〕悔堂老人著《越中雜識》，浙江人民出版社 1983 年版。

J

1. 〔晉〕嵇含《南方草木狀》，宋百川學海本。

2. 〔清〕嵇璜、劉墉等《清通志》，文淵閣四庫全書本。

3. 〔宋〕計有功《唐詩紀事》，四部叢刊景明嘉靖本。

4. 〔清〕紀昀《閱微草堂筆記》，清嘉慶五年望益書屋刻本。

5. 〔清〕繼昌《行素齋雜記》，上海書店出版社 1984 年版。

6. 〔南北朝〕迦葉摩騰譯《大智度論》，大正新修大藏經本。

7. 〔南北朝〕迦葉摩騰譯《十二門論》，大正新修大藏經本。

8. 〔宋〕賈善翔《猶龍傳》，《道藏》本。

9. 〔北朝〕賈思勰《齊民要術》，四部叢刊景明鈔本。

10. 〔清〕江藩《隸經文》，清道光元年廣州刻本。

11. 〔宋〕江少虞《新雕皇朝類苑》，日本元和七年活字印本。

12. 〔清〕姜宸英《湛園札記》，文淵閣四庫全書本。

13. 姜李勤《〈文子〉思想研究》，巴蜀書社 2017 年版。

14. 〔宋〕姜夔《白石道人歌曲》，四部叢刊景清乾隆江都陸氏本。

15. 〔宋〕姜夔《續書譜》，明刻百川學海本。

16. 〔清〕姜紹書《韻石齋筆談》，清知不足齋叢書本。

17. 〔清〕蔣超伯《南滑楛語》，清同治十年兩厲山房刻本。

18. 蔣禮鴻《商君書錐指》，中華書局 1986 年版。

19. 〔清〕蔣良騏《東華錄》，清乾隆刻本。

20. 〔清〕蔣啟勳、〔清〕趙祐宸修，〔清〕汪士鐸等纂《光緒續纂江寧府志》，《金陵全書》本。

21. 〔漢〕焦延壽《易林》，士禮居叢書景刻陸校宋本。

22. 〔清〕金榜《禮箋》，清乾隆五十九年方起泰胡國輔刻後印本。

23. 〔清〕金武祥《粟香隨筆》，清光緒刻本。

24. 〔明〕焦竑《老子翼》，民國金陵叢書本。

25. 〔明〕焦竑《焦氏筆乘》，明萬曆三十四年謝與棟刻本。

26. 〔明〕焦竑《易筌》，明萬曆刻本。

27. 〔清〕焦循《雕菰集》，清道光嶺南節署刻本。

28. 〔清〕焦循《易餘籥錄》，徐宇宏、駱紅爾校點《雕菰樓文學七種》，鳳凰出版社 2018 年版。

29. 〔清〕焦袁熹《此木軒雜著》，清嘉慶九年刻本（《續修四庫全書》第 1136 冊）。

K

1. 〔清〕康有為《廣藝舟雙楫》，清光緒刻本。

2. 〔漢〕孔鮒《孔叢子》，四部叢刊景明翻宋本。

3. 〔清〕孔廣森《經學卮言》，清㽔軒孔氏所著書本。

4. 〔清〕孔廣森《禮學卮言》，清㽔軒孔氏所著書本。

5. 〔清〕孔廣森《駢儷文》，清㽔軒孔氏所著書本。

6. 〔宋〕孔平仲《續世說》，叢書集成初編本。

7. 〔元〕孔齊《靜齋至正直記》，清毛氏鈔本。

L

1. 〔明〕郎瑛《七修續稿》，明刻本。

2. 〔清〕勞格《讀書雜識》，清光緒四年刻本。

3. 〔明〕雷夢麟《讀律瑣言》，明嘉靖四十二年刻本。

4. 〔清〕雷學淇《介菴經說》，清道光通州雷氏刻本。

5. 〔清〕黎庶昌《拙尊園叢稿》，清光緒二十一年金陵狀元閣刻本。

6. 〔清〕李伯元《南亭四話》，江蘇古籍出版社 2000 年版。

7. 〔宋〕李昌齡《太上感應篇》，明正統道藏本。

8. 〔宋〕李樗、黃薰《毛詩集解》，文淵閣四庫全書本。

9. 〔唐〕李淳風《乙巳占》，清十萬卷樓叢書本。

10. 〔清〕李慈銘撰，由雲龍輯《越縵堂讀書記》，中華書局 1963 年版。

11. 〔清〕李慈銘《越縵堂詩話》，民國本。

12. 舊題〔春秋〕老聃《老子》，古逸叢書景唐寫本。

13. 〔宋〕李昉等《文苑英華》，明刻本。

14. 〔宋〕李昉等《太平廣記》，民國景明嘉靖談愷刻本。

15. 〔宋〕李昉等《太平御覽》，四部叢刊三編景宋本。

16. 〔清〕李鳳苞《使德日記》，叢書集成初編本。

17. （清）李福泰修；（清）史澄、何若瑤纂《同治番禺縣志》，清同治十年刻本。

18. 〔清〕李富孫《校經廎文稿》，清道光元年刻本。

19. 〔宋〕李綱《梁溪集》，文淵閣四庫全書本。

20. 〔清〕李光地《榕村語錄》，文淵閣四庫全書本。

21. 〔唐〕李吉甫《元和郡縣志》，清武英殿聚珍版叢書本。

22. 〔宋〕李誡《營造法式》，文淵閣四庫全書本。

23. 〔元〕李衎《竹譜詳錄》，叢書集成初編本。

24. 李楁《民國杭州府志》，民國十一年本。

25. 〔唐〕李匡乂《資暇集》，明顧氏文房小說本。

26. 〔明〕李日華撰，郁震宏、李保陽等點校《六研齋筆記·紫桃軒雜綴》，鳳凰出版社 2010 年版。

27. 〔唐〕李商隱著，〔清〕馮浩箋注，蔣凡標點《玉谿生詩集箋注》，上海古籍出版社 1998 年版。

28. 〔唐〕李商隱著，劉學鍇、余恕誠集解《李商隱詩歌集解》，中華書局 1988 年版。

29. 〔唐〕李商隱著，〔清〕朱鶴齡箋注，田松青點校《李商隱詩集》，上海古籍出版社 2015 年版。

30. 〔宋〕李石《續博物志》，明古今逸史本。

31. 〔明〕李流芳《檀園集》，文淵閣四庫全書本。

32. 〔唐〕李商隱著，〔清〕馮浩《玉谿生詩詳注》，清乾隆德聚堂刻本。

33. 〔清〕李文田《元秘史注》，清光緒二十二年漸西村舍刻本。

34. 〔清〕李調元《全五代詩》，清函海本。

35. 〔宋〕李心傳《建炎以來朝野雜記》，清武英殿聚珍版叢書本。

36. 〔宋〕李心傳《舊聞證誤》，文淵閣四庫全書本。

37. 〔宋〕李心傳《建炎以來朝野雜記》，清武英殿聚珍版叢書本。

38. 〔元〕李冶《敬齋古今黈》，清海山仙館叢書本。

39. 〔清〕李有棠《金史紀事本末》，清光緒二十九年李杬鄂樓刻本。

40. 〔清〕李西月編《張三豐先生全集》，清道光刻本。

41. 〔明〕李賢《明一統志》，文淵閣四庫全書本。

42. 〔唐〕李虛中注《李虛中命書》，清守山閣叢書本。

43. 〔唐〕李延壽《北史》，中華書局 1974 年版。

44. 〔唐〕李延壽《南史》，中華書局 1975 年版。

45. 〔清〕李貽德《春秋左氏傳賈服注輯述》，《續修四庫全書》第 125 冊，
    上海古籍出版社 1996 年版。

46. 〔清〕李顒《二曲集》，清康熙三十三年刻後印本。

47. 〔明〕李豫亨《推蓬寤語》，明隆慶五年李氏思敬堂刻本。

48. 〔清〕李元度《國朝先正事略》，清同治刻本。

49. 〔唐〕李肇《唐國史補》，明津逮秘書本。

50. 〔清〕李兆洛《養一齋集》，清道光二十三年活字印四年增修本。

51. 李振聚《論〈閱清樓書目〉作者為清顯親王衍璜》，《滿族研究》2017 年
    04 期。

52. 〔元〕李志常《長春真人西遊記》，明正統道藏本。

53. 〔宋〕黎靖德《朱子語類》，明成化九年陳煒刻本。

54. 〔清〕黎庶昌《拙尊園叢稿》，清光緒二十一年金陵狀元閣刻本。

55. 〔北魏〕酈道元《水經注》，清武英殿聚珍版叢書本。

56. 〔清〕厲鶚撰，羅仲鼎、俞浣萍點校《厲鶚集》，浙江古籍出版社 2016
    年版。

57. 梁啟超《戊戌政變記》，嶽麓書社 2011 年版。

58. 〔清〕梁玉繩《瞥記》，清嘉慶刻清白士集本。

59. 〔清〕梁章鉅《稱謂錄》，清光緒刻本。

60. 〔清〕梁章鉅《浪跡叢談》，清道光二十七年刻本。

61. 〔清〕梁章鉅《樞垣記略》，清光緒元年刊本。

62. 〔宋〕廖瑩中《東雅堂昌黎集注》，文淵閣四庫全書本。

63. 舊題〔戰國〕列禦寇《列子》，四部叢刊景北宋本。

64. 〔宋〕林逋《林和靖詩集》，四部叢刊景明鈔本。

65. 〔唐〕林慎思《伸蒙子》，清知不足齋叢書本。

66. 〔清〕林壽圖《啟東錄》，清光緒五年（1879）黃鵠山人歐齋刻本。

67. 林紓著，舒蕪點校《春覺齋論文》，人民文學出版社 1998 年版。

68. 林振岳《朱彝尊佚稿〈瀛洲道古錄〉鉤沉》，《傳統中國研究集刊》第 15 輯，上海社會科學出版社 2016 年版。

69. 〔明〕凌迪知《萬姓統譜》，文淵閣四庫全書本。

70. 〔唐〕令狐德棻《周書》，中華書局 1971 年版。

71. 〔清〕劉寶楠《論語正義》，清同治刻本。

72. 〔元〕劉秉忠《藏春集》，明刻本。

73. 〔宋〕劉昌詩《蘆浦筆記》，清知不足齋叢書本。

74. 〔宋〕劉敞《春秋權衡》，清通志堂經解本。

75. 〔宋〕劉敞《公是集》，文淵閣四庫全書本。

76. 〔清〕劉鳳誥《存悔齋集》，清道光十七年刻本。

77. 〔清〕劉錦藻《清續文獻通考》，民國景十通本。

78. 〔宋〕劉克莊《後村集》，四部叢刊景舊鈔本。

79. 〔元〕劉祁《歸潛志》，清武英殿聚珍版叢書本。

80. 〔清〕劉聲木著《萇楚齋隨筆續筆三筆》，沈雲龍主編《近代中國史料叢刊》第 22 輯第 218 冊，文海出版社 1973 年版。

81. 〔唐〕劉肅《大唐新語》，文淵閣四庫全書本。

82. 〔元〕劉岳申《申齋集》，文淵閣四庫全書本。

83. 〔清〕劉台拱等著；張連生、秦躍宇點校《寶應劉氏集》，廣陵書社 2006 年版。

84. 〔清〕劉台拱《論語駢枝》，清劉端臨先生遺書本。

85. 〔清〕劉獻廷《廣陽雜記》，清同治四年鈔本。

86. 〔漢〕劉熙《釋名》，四部叢刊景明翻宋書棚本。

87. 〔清〕劉熙載《劉熙載文集》，鳳凰出版社 2001 年版。

88. 〔漢〕劉向《說苑》，四部叢刊景明鈔本。

89. 〔南朝梁〕劉勰《文心雕龍》，四部叢刊景明嘉靖刊本。

90. 後〔晉〕劉昫等《舊唐書》，中華書局 1975 年版。

91. 〔宋〕劉荀《明本釋》，清武英殿聚珍版叢書本。

92. 〔明〕劉錫玄《掃餘之餘》，明末刻本（《四庫全書存目叢書》集部第 183 冊）。

93. 〔元〕劉因《靜修先生文集》，四部叢刊景元本。

94. 〔清〕劉毓崧《通義堂文集》，民國求恕齋叢書本。

95. 〔唐〕劉禹錫《劉夢得文集》，四部叢刊景宋本。

96. 〔元〕劉岳申《申齋集》，文淵閣四庫全書本。

97. 〔清〕劉榛《虛直堂文集》，清康熙刻補修本。

98. 〔清〕劉智《天方典禮擇要解》，清乾隆五年京江童氏刻本。

99. 〔北齊〕劉晝《劉子》，明正統道藏本。

100. 〔宋〕柳開《河東先生集》，四部叢刊景舊鈔本。

101. 〔唐〕柳宗元《河東先生集》，宋刻本。

102. 〔清〕龍顧山人纂；卞孝萱，姚松點校《十朝詩乘》，福建人民出版社 2000 年版。

103. 〔宋〕樓鑰《攻媿集》，清武英殿聚珍版叢書本。

104. 〔唐〕盧仝《玉川子詩集》，四部叢刊景舊鈔本。

105. 〔清〕魯一同《通甫類稿》，清道光八年刻本。

106. 〔清〕陸次雲《峒溪纖志》，清陸雲士雜著本。

107. 〔唐〕陸德明《經典釋文》，清抱經堂叢書本。

108. 〔唐〕陸璣《毛詩草木鳥獸蟲魚疏》，明唐宋叢書本。

109. 〔漢〕陸賈《新語》，四部叢刊景明弘治本。

110. 〔宋〕陸九淵《象山先生全集》，四部叢刊景明嘉靖本。

111. 〔清〕陸世儀《思辨錄輯要》，文淵閣四庫全書本。

112. 〔清〕陸隴其《三魚堂集》，清康熙刻本。

113. 〔宋〕陸游《劍南詩稿》，文淵閣四庫全書。

114. 〔宋〕陸游《南唐書》，四部叢刊續編景明鈔本。

115. 〔清〕陸心源《皕宋樓藏書志》，清光緒萬卷樓藏本。

116. 〔清〕陸心源《唐文拾遺》，清光緒刻本。

117. 〔清〕陸心源《儀顧堂題跋》，清刻潛園總集本。

118. 〔清〕陸以湉《冷廬雜識》，清咸豐六年刻本。

119. 〔明〕陸應陽《廣輿記》，清康熙刻本。

120. 〔清〕陸祚蕃《粵西偶記》，叢書集成初編本。

121. 〔唐〕輸波迦羅共一行《大毗盧遮那成佛神變加持經》，大正新修大藏經本。

122. 〔宋〕羅大經《鶴林玉露》，明刻本。

123. 〔宋〕羅泌《路史》，文淵閣四庫全書本。

124. 〔清〕羅聘《我信錄》，清宣統元年（1909）南陵徐氏刻本。

125. 〔明〕羅日褧《咸賓錄》，明萬曆十九年刻本。

126. 羅振玉《雪堂類稿》戊《長物簿錄·藏書目錄題識》，遼寧教育出版社 2003 年版。

127. 〔秦〕呂不韋《呂氏春秋》，四部叢刊景明刊本。

128. 〔明〕呂柟《二程子鈔釋》，文淵閣四庫全書本。

129. 〔唐〕呂溫《呂衡州文集》，清粵雅堂叢書本。

130. 〔宋〕呂祖謙《東萊集》，民國續金華叢書本。

131. 〔宋〕呂祖謙《皇朝文鑑》，四部叢刊景宋刊本。

132. 〔宋〕呂祖謙《麗澤論說集錄》，文淵閣四庫全書本。

133. 〔宋〕呂祖謙《書說》，文淵閣四庫全書本。

M

1. 〔元〕馬端臨《文獻通考》，清浙江書局本。

2. 〔清〕馬國翰《玉函山房目耕帖》，《玉函山房叢書》本。

3. 〔宋〕馬令《南唐書》，清嘉慶墨海金壺本。

4. 馬敘倫《石屋續瀋》，浙江古籍出版社 2018 年版。

5. 〔宋〕馬永卿《嬾真子》，明稗海本。

6. 〔宋〕馬永卿《元城語錄》，清雍正元年鈔本。

7. 〔清〕馬注《清真指南》，寧夏人民出版社 1988 年版。

8. 〔唐〕馬總《意林》，清武英殿聚珍版叢書本。

9. 〔清〕梅文鼎《曆學疑問補》，叢書集成初編本。

10. 〔宋〕孟珙著，〔清〕曹元忠校注《蒙韃備錄校注》，清光緒二十七年刻箋經室叢書本。

11. 〔宋〕孟元老《東京夢華錄》，文淵閣四庫全書本。

12. 民國・閔爾昌《碑傳集補》，民國十二年刊本。

13. 〔清〕莫友芝《宋元舊本書經眼錄》，清同治刻本。

14. 〔戰國〕墨翟著，〔清〕畢沅校注《墨子》，上海古籍出版社 2014 年版。
〔清〕穆彰阿《嘉慶大清一統志》，四部叢刊續編景舊鈔本。

15. 波蘭・穆尼閣著，〔清〕薛鳳祚譯《天步真原》，叢書集成初編本。

N

1. 〔元〕納新《金臺集》，明末汲古閣刻本。

2. 〔唐〕南卓《羯鼓錄》，清守山閣叢書本。

3. 〔清〕倪思寬《二初齋讀書記》，清嘉慶八年涵和堂刻本。

4. 〔清〕倪濤《六藝之一錄》，文淵閣四庫全書本。

5. 〔清〕聶先《續指月錄》，巴蜀書社 2005 年版。

O

1. 〔宋〕歐陽修《歸田錄》，明稗海本。

2. 〔宋〕歐陽修、宋祁《新唐書》，中華書局 1975 年版。

3. 〔唐〕歐陽詢《藝文類聚》，文淵閣四庫全書本。

P

1. 〔宋〕潘閬《逍遙集》，清知不足齋叢書本。

2. 〔清〕潘世恩《熙朝宰輔錄》，清咸豐七年（1857）刻本。

3. 〔清〕潘衍桐《兩浙輶軒續錄》，清光緒刻本。

4. 〔清〕彭定求編《全唐詩》，中華書局 1960 年版。

5. 〔清〕彭紹觀《皇清開國方略》，文淵閣四庫全書本。

6. 〔清〕彭紹升《二林居集》，清嘉慶味初堂刻本。

7. 〔清〕彭泰來《昨夢齋文集》，清同治四年刻本，《清代詩文集彙編》第 568 冊，上海古籍出版社 2010 年版。

8. 〔清〕彭希涑《二十二史感應錄》，叢書集成初編本。

9. 〔清〕彭蘊章《歸樸龕叢稿》，清同治刻彭文敬公全集本。

10. 〔唐〕皮日休《皮日休文集》，四部叢刊景明本。

11. 〔清〕皮錫瑞《經學歷史》，見吳仰湘校點《皮錫瑞集》，嶽麓書社 2012 年版。

12. 〔清〕平步青《霞外攟屑》，民國六年刻香雪崦叢書本。

13. 〔宋〕蒲積中《歲時雜詠》，文淵閣四庫全書本。

Q

1. 〔清〕祁韻士《清藩部要略》，清道光筠淥山房刻本。

2. 〔清〕祁韻士《西域釋地》，劉長海整理《祁韻士集》，三晉出版社 2014 年版。

3. 〔清〕齊召南《水道提綱》，文淵閣四庫全書本。

4. 〔清〕杞廬主人《時務通考》，清光緒二十三年點石齋石印本。

5. 〔清〕錢曾《讀書敏求記》，清雍正四年松雪齋刻本。

6. 〔清〕錢大昕《廿二史考異》，陳文和主編《嘉定錢大昕全集》（增訂本）第 2～3 冊，鳳凰出版社 2016 年版。

7. 〔清〕錢大昕《潛研堂金石文字跋尾》，陳文和主編《嘉定錢大昕全集》（增訂本）第 6 冊，鳳凰出版社 2016 年版。

8. 〔清〕錢大昕《十駕齋養新錄》，陳文和主編《嘉定錢大昕全集》（增訂本）第 7 冊，鳳凰出版社 2016 年版。

9. 〔清〕錢大昕《潛研堂文集》，陳文和主編《嘉定錢大昕全集》（增訂本）第 9 冊，鳳凰出版社 2016 年版。

10. 〔清〕錢大昕《潛研堂詩續集》，陳文和主編《嘉定錢大昕全集》（增訂本）第 10 冊，鳳凰出版社 2016 年版。

11. 〔清〕錢維城《錢文敏公全集》，清乾隆四十一年眉壽堂刻本。

12. 〔宋〕錢易《南部新書》，文淵閣四庫全書本。

13. 錢鍾書《管錐編》，三聯書店 2007 年版。

14. 錢仲聯《文廷式年譜》，《中華文史論叢》1982 年第 4 輯。

15. 〔清〕秦瀛《小峴山人集》，清嘉慶刻增修本。

16. 〔清〕慶桂《國朝宮史續編》，清嘉慶十一年內府鈔本。

17. 〔清〕仇兆鰲《杜詩詳注》，文淵閣四庫全書本。

18. 〔清〕屈大均《廣東新語》，清康熙水天閣刻本。

19. 〔清〕屈大均《翁山詩外》，清康熙刻凌鳳翔補修本。

20. 〔清〕屈復《弱水集》，清乾隆七年賀克章刻本。

21. 〔明〕瞿汝稷《指月錄》，清乾隆明善堂刻本。

22. 〔唐〕瞿曇悉達《唐開元占經》，文淵閣四庫全書本。

23. 〔清〕瞿鏞《鐵琴銅劍樓藏書目錄》，清光緒常熟瞿氏家塾刻本。

24. 〔唐〕權德輿《權載之文集》，四部叢刊景清嘉慶本。

25. 〔清〕全祖望《鮚埼亭集》，四部叢刊景清刻姚江借樹山房本。

R

1. 〔清〕任啟運《清芬樓遺稿》，清嘉慶二十二年刻本。

2. 〔清〕茹敦和《竹香齋古文》，《四庫未收書輯刊》第 10 輯第 18 冊，北京出版社 1997 年版。

3. 〔清〕阮葵生《茶餘客話》，清光緒十四年本。

4. 〔清〕阮元校刻《十三經注疏》，清嘉慶刊本，中華書局 2009 年版。

5. 〔清〕阮元《揅經室集》，四部叢刊景清道光本。

6. 〔清〕阮元《儒林傳稿》，清嘉慶刻本。

S

1. 〔清〕薩英額《吉林外記》，清光緒漸西村舍本。

2. 〔宋〕僧法雲編《翻譯名義集》，《乾隆大藏經》本。

3. （民國）上海古今圖書局編《古今筆記精華錄》，嶽麓書社 1997 年版。

4. 〔清〕尚秉和《辛壬春秋》，民國十三年刻本。

5. 〔宋〕邵伯溫《聞見前錄》，文淵閣四庫全書本。

6. 〔清〕邵長蘅《邵子湘全集》，清康熙刻本。

7. 〔清〕邵晉涵《南江箚記》，清嘉慶八年面水層軒刻本。

8. 〔明〕邵經邦《弘簡錄》，清康熙刻本。

9. 〔宋〕邵雍《皇極經世書》，文淵閣四庫全書本。

10. 〔清〕邵遠平《元史類編》,清康熙三十八年原刻本。

11. 〔清〕沈赤然《寒夜叢談》,又滿樓叢書本。

12. 〔清〕沈初《西清筆記》,清功順堂叢書本。

13. 〔清〕沈大成《學福齋集》,清乾隆三十九年刻本。

14. 〔清〕沈德潛《清詩別裁集》,清乾隆二十五年教忠堂刻本。

15. 〔清〕沈德潛《沈德潛詩文集》,人民文學出版社 2011 年版。

16. 〔清〕沈德壽《抱經樓藏書志》,民國十三年美大印局鉛印本。

17. 〔宋〕沈括《夢溪筆談》,上海書店出版社 2003 年版。

18. 〔清〕沈欽韓《幼學堂詩文稿》,清嘉慶十八年刻道光八年增修本。

19. 〔清〕沈濤《交翠軒筆記》,清道光刻本。

20. 〔清〕沈濤《銅熨斗齋隨筆》,清光緒會稽章氏刻本。

21. 〔南朝梁〕沈約《宋書》,中華書局 1974 年版。

22. 〔清〕沈曾植《海日樓文集》,廣東教育出版社 2018 年版。

23. 〔清〕沈曾植撰,錢仲聯輯《海日樓札叢》,中華書局 1962 年版。

24. 〔宋〕沈作喆《寓簡》,清知不足齋叢書本。

25. 〔清〕施國祁《金史詳校》,清廣雅書局叢書本。

26. 石昌渝主編《中國古代小說總目》(文言卷),山西教育出版社 2004 年版。

27. 〔清〕史澄《光緒廣州府志》,清光緒五年刊本。

28. 〔明〕史謹《獨醉亭集》,文淵閣四庫全書本。

29. 〔清〕史夢蘭《止園筆談》,清光緒四年刻本。

30. 〔宋〕史繩祖《學齋佔畢》,文淵閣四庫全書本。

31. 〔南朝梁〕釋寶唱《比丘尼傳》,《大正新修大藏經》本。

32. 〔宋〕釋寶雲譯《佛本行經》,清宣統三年(1911)江北磚橋刻經處刻本。

33. 〔唐〕釋澄觀《華嚴大疏鈔》,大正新修大藏經本。

34. 〔唐〕釋澄觀《華嚴經疏》,大正新修大藏經本。

35. 〔遼〕釋道殿《顯密圓通成佛心要集》,《永樂北藏》本。

36. 〔清〕釋道忞(字木陳)《布水臺集》,清康熙刻本。

37. 〔唐〕釋道宣《大唐內典錄》,清徑山藏本。

38. 〔唐〕釋道宣《佛道論衡》,大正新修大藏經本。

39. 〔唐〕釋道宣《廣弘明集》，四部叢刊景明本。

40. 〔唐〕釋道宣《釋迦方志》，大正新修大藏經本。

41. 〔唐〕釋道宣《續高僧傳》，大正新修大藏經本。

42. 〔宋〕釋道原《景德傳燈錄》，四部叢刊三編景宋本。

43. 〔明〕釋德清《肇論略注》，清光緒十四年金陵刻經處刻本。

44. 〔唐〕釋道世《法苑珠林》，四部叢刊景明萬曆本。

45. 〔唐〕釋法琳《辯正論》，《大正新修大藏經》本。

46. 〔唐〕釋法琳《破邪論》，大正新修大藏經本。

47. 〔晉〕釋法顯《佛國記》，明津逮秘書本。

48. 〔唐〕釋貫休《禪月集》，四部叢刊景宋鈔本。

49. 〔宋〕釋惠洪《冷齋夜話》，明稗海本。

50. 釋敬安著，段曉華校點《八指頭陀詩文集》，上海古籍出版社 2016 年版。

51. 〔唐〕釋窺基《大乘法苑義林章》，大正新修大藏經本。

52. 〔唐〕釋窺基《因明大疏》，大正新修大藏經本。

53. 〔宋〕釋普濟《五燈會元》，宋刻本。

54. 〔唐〕釋齊己《白蓮集》，四部叢刊景明鈔本。

55. 〔南朝梁〕釋僧祐《弘明集》，四部叢刊景明本。

56. 〔晉〕釋僧肇《肇論》，大正新修大藏經本。

57. 〔宋〕釋文瑩《湘山野錄》，明津逮秘書本。

58. 〔宋〕釋惟淨《景祐天竺字源》，《大藏經》本。

59. 〔元〕釋祥邁《大元至元辨偽錄》，元刻本。

60. 〔唐〕釋玄奘《大唐西域記》，四部叢刊景宋藏經本。

61. 〔唐〕釋玄奘《瑜伽師地論》，大正新修大藏經本。

62. 〔唐〕釋一行《大毗盧遮那成佛經疏》，日本慶安二年刻本。

63. 〔唐〕釋圓照《貞元新定釋教目錄》，大正新修大藏經本。

64. 〔宋〕釋贊寧《宋高僧傳》，大正新修大藏經本。

65. 〔唐〕釋智昇《開元釋教錄》，文淵閣四庫全書本。

66. 〔宋〕釋志磐《佛祖統紀》，大正新修大藏經本。

67. 〔宋〕釋宗杲說，〔宋〕釋蘊聞編《大慧普覺禪師語錄》，大正新修大藏經本。

68. 〔唐〕司空圖《司空表聖詩集》，四部叢刊景唐音統籤本。

69. 司馬朝軍《續修四庫全書雜家類提要》，商務印書館 2013 年版。

70. 〔宋〕司馬光《涑水記聞》，清武英殿聚珍版叢書本。

71. 〔宋〕司馬光《溫國文正公文集》，四部叢刊景宋紹興本。

72. 〔漢〕司馬遷著，〔宋〕裴駰集解，〔唐〕司馬貞索隱，〔唐〕張守節正義《史記》，中華書局 1959 年版。

73. 〔清〕宋長白《柳亭詩話》，清康熙天茁園刻本。

74. 〔明〕宋濂《元史》，中華書局 1976 年版。

75. 宋立林、孫寶華《讀〈儒行〉箚記》，《管子學刊》2010 年第 3 期。

76. 〔宋〕宋祁《景文集》，清武英殿聚珍版叢書本。

77. 〔清〕宋翔鳳《過庭錄》，清咸豐浮谿精舍刻本。

78. 〔清〕宋翔鳳《尚書略說》，清皇清經解續編本。

79. 宋育仁《泰西各國采風記》，嶽麓書社 2016 年版。

80. 〔唐〕蘇鶚《蘇氏演義》，清藝海珠塵本。

81. 〔宋〕蘇軾撰，〔宋〕王十朋注《東坡詩集注》，四部叢刊景宋本。

82. 〔宋〕蘇軾《東坡易傳》，明刻朱墨套印本。

83. 〔宋〕蘇轍《龍川略志》，宋百川學海本。

84. 〔宋〕蘇轍《欒城集》，上海古籍出版社 2009 年版。

85. 〔元〕蘇天爵《國朝文類》，四部叢刊景元至正本。

86. 〔元〕蘇天爵《元名臣事略》，文淵閣四庫全書本。

87. 〔清〕蘇天木《潛虛述義》，清嶺南遺書本。

88. 〔宋〕蘇轍《欒城集》，四部叢刊景明嘉靖蜀藩活字本。

89. 〔清〕素爾訥《學政全書》，清乾隆三十九年武英殿刻本。

90. 〔清〕孫寶瑄《忘山廬日記》，上海人民出版社 2015 年版。

91. 〔清〕孫承澤《春明夢餘錄》，文淵閣四庫全書本。

92. 〔清〕孫承澤《天府廣記》，清鈔本。

93. 〔清〕孫承澤《元朝典故編年考》，文淵閣四庫全書本。

94. 〔宋〕孫甫《唐史論斷》，清粵雅堂叢書本。

95. 〔宋〕孫復《春秋尊王發微》，文淵閣四庫全書本。

96. 〔明〕孫瑴《古微書》，文淵閣四庫全書本。

97. 〔宋〕孫覺《春秋經解》，文淵閣四庫全書本。

98. 〔清〕孫蘭《柳庭輿地隅記》，清光緒蟄園叢書本。

99. 〔唐〕孫樵《孫樵集》，四部叢刊景明天啟刊本。

100. 孫琴安《唐詩選本提要》，上海書店出版社 2005 年版。

101. 〔春秋〕孫武《孫子》，續古逸叢書景宋刻武經七書本。

102. 〔清〕孫星衍《漢官六種》，清平津館叢書本。

103. 〔清〕孫星衍《孔子集語》，清嘉慶刻本。

104. 〔清〕孫星衍《問字堂集》，《續修四庫全書》第 1477 冊，上海古籍出版
社 1996 年版。

105. 〔清〕孫星衍《晏子春秋音義》，叢書集成初編本。

106. 〔清〕孫詒讓《墨子閒詁》，清光緒三十三年刻本。

107. 〔清〕孫詒讓《札迻》，清光緒二十年籀廎刻二十一年正修本。

108. 〔清〕孫詒讓《籀廎述林》，民國五年刻本。

109. 〔宋〕孫奕《履齋示兒編》，元劉氏學禮堂刻本。

110. 〔清〕孫志祖《讀書脞錄》，清嘉慶刻本。

T

1. 太虛《太虛大師全書》第 16 卷，宗教文化出版社 2005 年版。

2. 〔北朝〕曇無讖《大般涅槃經》，大正新修大藏經本。

3. 〔清〕譚瑩《樂志堂詩集》，清咸豐九年吏隱園刻本。

4. 〔清〕談遷《北遊錄》，清鈔本。

5. 〔清〕談遷《棗林雜俎》，清鈔本。

6. 〔清〕湯斌《湯子遺書》，文淵閣四庫全書本。

7. 〔清〕湯脩業《賴古齋文集》，清道光九年張氏刻本，《清代詩文集彙編》
第 371 冊，上海古籍出版社 2010 年版。

8. 〔宋〕唐庚《眉山唐先生文集》，四部叢刊三編景舊鈔本。

9. 〔清〕唐晉徽輯錄《清真釋疑補輯》，藍月出版社 2006 年版。

10. 〔明〕唐順之《荊川稗編》，明萬曆九年刻本。

11. 〔南朝梁〕陶弘景《真誥》，明正統道藏本。

12. 〔清〕陶澍《陶澍全集》第 6 冊文集，嶽麓書院 2010 年版。

13. 〔宋〕陶岳《五代史補》，明虞山毛氏汲古閣刻本。

14. 〔元〕陶宗儀《南村輟耕錄》，四部叢刊三編景元本。

15. 〔元〕陶宗儀《書史會要》，文淵閣四庫全書本。

16. 〔明〕陶宗儀等編《說郛三種》，上海古籍出版社 1988 年版。

17. 天台野叟《大清見聞錄》，中州古籍出版社 2000 年版。

18. 〔明〕田藝蘅《留青日札》，明萬曆重刻本。

19. （英）托馬斯・赫胥黎著，嚴復譯《天演論》，譯林出版社 2014 年版。

20. 〔元〕脫脫等《金史》，中華書局 1975 年版。

21. 〔元〕脫脫等《宋史》，中華書局 1977 年版。

W

1. 〔明〕萬民英《星學大成》，文淵閣四庫全書本。

2. 〔明〕萬民英《三命通會》，文淵閣四庫全書本。

3. 〔清〕萬斯同《明史》，清鈔本。

4. 〔元〕汪大淵原著；蘇繼廎校釋《島夷志略校釋》，中華書局 1981 年版。

5. 〔清〕汪紱《戊笈談兵》，清光緒刻本。

6. 〔清〕汪家禧《東里生爐餘集》，清道光元年刻本。

7. 〔清〕汪師韓《韓門綴學》，清乾隆刻上湖遺集本。

8. 汪叔子《〈純常子枝語〉撰著考》，中國歷史文獻研究會編《歷史文獻研究》北京新一輯，北京燕山出版社 1990 年版。

9. 〔宋〕汪應辰《文定集》，文淵閣四庫全書本。

10. 〔清〕汪中著，田漢雲點校《新編汪中集》，廣陵書社 2005 年版。

11. 〔宋〕王安石《臨川先生文集》，四部叢刊景明嘉靖本。

12. 〔宋〕王安石《唐百家詩選》，文淵閣四庫全書本。

13. 〔宋〕王柏《詩疑》，清通志堂經解本。

14. 〔清〕王昶《金石萃編》，清嘉慶十年刻同治錢寶傳等補修本。

15. 〔漢〕王充《論衡》，四部叢刊景通津草堂本。

16. 〔元〕王充耘《讀書管見》，清通志堂經解本。

17. 〔宋〕王讜《唐語林》，清惜陰軒叢書本。

18. 〔五代〕王定保《唐摭言》，清學津討原本。

19. 〔清〕王端履《重論文齋筆錄》，清道光二十六年授宜堂刻本。

20. 〔明〕王夫之《讀通鑒論》，《船山全書》本，嶽麓書社 2011 年版。

21. 〔明〕王夫之《黃書》，《船山全書》本，嶽麓書社 2011 年版。

22. 〔明〕王夫之《四書稗疏》，《船山全書》本，嶽麓書社 2011 年版。

23. 〔明〕王夫之《識小錄》《船山全書》本，嶽麓書社 2011 年版。

24. 〔明〕王夫之《宋論》，《船山全書》本，嶽麓書社 2011 年版。

25. 〔漢〕王符《潛夫論》，四部叢刊景述古堂景宋鈔本。

26. 王貴忱《可居叢稿》增訂本，廣東人民出版社 2014 年版。

27. 王國維《王國維手定觀堂集林》，浙江教育出版社 2014 年版。

28. 王國維著，趙利棟輯校《王國維學術隨筆》，社會科學文獻出版社 2000 年版。

29. 〔明〕王褘《王忠文公集》，文淵閣四庫全書本。

30. 〔清〕王宏《砥齋題跋》，叢書集成初編本。

31. 〔清〕王家相《清秘述聞續》，清光緒十四年刻本。

32. 〔唐〕王建《王司馬集》，文淵閣四庫全書本。

33. 〔清〕王闓運《湘綺樓全集》，清光緒刻本。

34. 〔元〕王禮《麟原文集》，文淵閣四庫全書本。

35. 王利器《〈全上古三代秦漢三國六朝文〉證誤》，《文學評論》1996 年第 2 期。

36. 〔宋〕王楙《野客叢書》，明刻本。

37. 〔宋〕王明清《揮麈錄》，四部叢刊景宋鈔本。

38. 〔清〕王鳴盛《十七史商榷》，清乾隆五十二年洞涇草堂刻本。

39. 〔清〕王鳴盛《蛾術編》，清道光二十一年世楷堂刻本。

40. 〔清〕王謨《江西考古錄》，江西人民出版社 2015 年版。

41. 〔清〕王念孫《讀書雜志》，清道光十二年刻本。

42. 〔宋〕王辟之《澠水燕談錄》，清知不足齋叢書本。

43. 〔五代〕王樸《太清神鑒》，清守山閣叢書本。

44. 〔宋〕王溥《五代會要》，清武英殿聚珍版叢書本。

45. 〔清〕王芑孫《淵雅堂全集》，清嘉慶刻本。

46. 〔宋〕王欽若《冊府元龜》，明刻初印本。

47. 〔清〕王慶雲《石渠餘紀》，清光緒十六年龍璋刻本。

48. 〔明〕王世貞《弇州山人四部續稿》，文淵閣四庫全書本。

49. 〔明〕王世貞《弇山堂別集》，文淵閣四庫全書本。

50. 〔明〕王世貞《藝苑卮言》，明萬曆十七年武林樵雲書舍刻本。

51. 〔清〕王士禎《池北偶談》，文淵閣四庫全書本。

52. 〔清〕王士禎《居易錄》，文淵閣四庫全書本。

53. 〔清〕王士禎《香祖筆記》，文淵閣四庫全書本。

54. 〔清〕王士禎著，周興陸編《漁洋精華錄匯評》，齊魯書社 2007 年版。

55. 〔清〕王崧《說緯》，《叢書集成續編》第 12 冊，新文豐出版公司 1988 年版。

56. 〔隋〕王通《中說》，四部叢刊景宋本。

57. 〔清〕王先謙《東華錄》，清光緒十年長沙王氏刻本。

58. 〔清〕王先謙《東華續錄》，清光緒十年長沙王氏刻本。

59. 〔清〕王先謙《漢書補注》，清光緒刻本。

60. 〔清〕王先謙《荀子集解》，清光緒刻本。

61. 〔宋〕王象之《輿地紀勝》，清影宋鈔本。

62. 〔清〕王懿榮《王文敏公遺集》，民國劉氏刻求恕齋叢書本。

63. 〔清〕王引之《經義述聞》，清道光刻本。

64. 〔宋〕王應麟《漢藝文志考證》，文淵閣四庫全書本。

65. 〔宋〕王應麟《漢制考》，清學津討原本。

66. 〔宋〕王應麟《困學紀聞》，四部叢刊三編景元本。

67. 〔宋〕王應麟《玉海》，文淵閣四庫全書本。

68. 〔清〕王應奎《柳南隨筆》，清借月山房匯鈔本。

69. 〔清〕王筠《菉友肊說》，叢書集成初編本。

70. 〔元〕王惲《秋澗先生大全文集》，四部叢刊景明弘治本。

71. 〔元〕王惲《玉堂嘉話》，文淵閣四庫全書本。

72. 〔宋〕王正德《餘師錄》，文淵閣四庫全書本。

73. 〔唐〕韋應物《韋刺史詩集》，四部叢刊景明嘉靖本。

74. 〔三國〕韋昭《國語韋氏解》，士禮居叢書景宋本。

75. 〔唐〕韋莊《浣花集》，四部叢刊景明本。

76. 〔英〕偉烈亞力《基督教新教傳教士在華名錄》，天津人民出版社 2013年版。

77. 〔宋〕魏了翁《鶴山全集重校鶴山先生大全文集》，四部叢刊景宋本。

78. 〔北齊〕魏收《魏書》，中華書局 1974 年版。

79. 〔宋〕魏泰《東軒筆錄》，明刻本。

80. 〔清〕魏禧《日錄雜說》，《叢書集成續編》第 025 冊，新文豐出版公司 1989 年版。

81. 〔清〕魏禧《魏叔子文集外篇》，清寧都三魏全集本。

82. 〔清〕魏源《海國圖志》，清光緒二年魏光燾平慶涇固道署刻本。

83. 〔清〕魏源《聖武記》，清道光刻本。

84. 〔唐〕魏徵《群書治要》，四部叢刊景日本本。

85. 〔宋〕文天祥《文山先生全集》，四部叢刊景明本。

86. 〔清〕文廷式《純常子枝語》，《清代稿本百種彙刊》第 54 種，文海出版社 1974 年版。

87. 〔清〕文廷式《純常子枝語》，廣陵書社 1990 年版。

88. 〔清〕文廷式《純常子枝語》，《續修四庫全書》1165 冊，上海古籍出版社 1996 年版。

89. 〔清〕文廷式《文道希先生遺詩》，民國十八年葉恭綽本。

90. 〔清〕文廷式著，汪叔子編《文廷式集》（增訂本），中華書局 2018 年版。

91. 〔清〕文廷式著，陸有富校點《文廷式詩詞集》，上海古籍出版社 2017 年版。

92. 〔清〕文廷式《雲起軒詞鈔》，清光緒三十三年徐乃昌刻本。

93. 〔宋〕吳曾《能改齋漫錄》，文淵閣四庫全書本。

94. 〔宋〕吳處厚《青箱雜記》，明稗海本。

95. 〔元〕吳澄《禮記纂言》，文淵閣四庫全書本。

96. 吳恭亨撰，喻岳衡點校《對聯話》，嶽麓書社 1984 年版。

97. 〔清〕吳景旭《歷代詩話》，文淵閣四庫全書本。

98. 〔清〕吳慶坻《蕉廊脞錄》，民國求恕齋叢書本。

99. 〔宋〕吳仁傑《兩漢刊誤補遺》，清知不足齋叢書本。

100. 〔清〕吳榮光《石雲山人集》,清道光二十一年吳氏筠清館刻本。

101. 〔清〕吳汝綸《吳汝綸全集》第 4 冊《日記》,黃山書社 2002 年版。

102. 〔清〕吳肅公《街南續集》,清康熙程士琦等刻本。

103. 〔清〕吳孝銘《樞垣題名》,清道光十八年七峰別墅刻增修本。

104. 〔清〕吳偉業《梅村家藏稿》,四部叢刊景清宣統武進董氏本。

105. 〔清〕吳翌鳳《鐙窗叢錄》,涵芬樓秘笈本。

106. 〔宋〕吳縝《新唐書糾謬》,四部叢刊三編景明本。

107. 〔清〕吳震方《嶺南雜記》,叢書集成初編本。

X

1. 〔清〕西清《黑龍江外記》,清光緒廣雅書局刻本。

2. 〔清〕錫縝《退復軒詩》,《清代詩文集彙編》第 695 冊,上海古籍出版
社 2010 年版。

3. 夏承燾《詞學論札》,《夏承燾集》第 8 冊,浙江教育出版社 1998 年版。

4. 夏敬觀《忍古樓詩》,中華書局 1937 年鉛印本。

5. 〔隋〕蕭吉《五行大義》,清佚存叢書本。

6. 〔南朝梁〕蕭統編,〔唐〕李善、呂延濟、劉良、張銑、李周翰、呂向注
《六臣注文選》,四部叢刊景宋本。

7. 〔清〕蕭雄《聽園西疆雜述詩》,叢書集成初編本。

8. 〔南朝梁〕蕭繹《金樓子》,清知不足齋叢書本。

9. 〔南朝梁〕蕭子顯《南齊書》,中華書局 1972 年版。

10. 〔宋〕謝枋得《疊山集》,四部叢刊續編景明本。

11. 謝國楨《明清筆記談叢》,上海書店出版社 2004 年版。

12. 〔清〕謝濟世《西北域記》,叢書集成初編本。

13. 謝无量《佛學大綱》,商務印書館 2018 年版。

14. 〔明〕謝肇淛《滇略》,文淵閣四庫全書本。

15. 〔明〕謝肇淛《五雜組》,明萬曆四十四年潘膺祉如韋館刻本。

16. 〔明〕謝榛《四溟詩話》,清海山仙館叢書本。

17. 舊題（春秋）辛鈃《文子》,明子匯本。

18. 〔宋〕辛棄疾《稼軒長短句》,元大德三年刊本。

19. 熊月之主編《晚清新學書目提要》，上海書店出版社 2014 年版。

20. 〔清〕徐大椿《樂府傳聲》，清光緒七年刻本。

21. 徐道彬《論江永與西學》，《史學集刊》2012 年第 1 期。

22. 徐道彬《皖派學術與傳承》，黃山書社 2012 年版。

23. 徐德明《清人學術筆記提要》，學苑出版社 2004 年版。

24. 〔唐〕徐堅《初學記》，清光緒孔氏三十三萬卷堂本。

25. 〔清〕徐時棟《煙嶼樓讀書志》，民國十七年本。

26. 〔清〕徐繼畬著，宋大川校注《瀛寰志略校注》，文物出版社 2007 年版。

27. 徐世昌《清儒學案》，中華書局 2008 年版。

28. 〔清〕徐松《西域水道記》，江蘇廣陵古籍刻印社 1991 年版。

29. 徐文武《〈尸子〉辨》，《孔子研究》2005 年第 4 期。

30. 〔宋〕徐鉉《徐公文集》，四部叢刊景黃丕烈校宋本。

31. 徐一士《一士談薈》，山西古籍出版社 1996 年版。

32. 〔明〕徐象梅《兩浙名賢錄》，明天啟刻本。

33. 〔清〕徐兆瑋著，李向東、包岐峰、蘇醒標點，《徐兆瑋日記》，黃山書社 2013 年版。

34. 〔清〕徐鼐《讀書難釋》，中華書局 1997 年版。

35. 〔宋〕徐子平《珞琭子賦注》，清墨海金壺本。

36. 徐宗澤《明清間耶穌會士譯著提要》，上海書店出版社 2010 年版。

37. 〔宋〕許洞《虎鈐經》，明刻本。

38. 〔清〕許景澄《許文肅公遺稿》，民國七年至九年上海陸徵祥鉛印本。

39. 〔宋〕許顗《彥周詩話》，明津逮秘書本。

40. 〔清〕許宗彥《鑒止水齋集》，清嘉慶二十四年德清許氏家刻本。

41. 〔清〕薛福成《出使英法義比四國日記》，清光緒十八年本。

42. 〔宋〕薛季宣《浪語集》，文淵閣四庫全書本。

43. 〔戰國〕荀況《荀子》，清抱經堂叢書本。

44. 〔漢〕荀悅《申鑒》，四部叢刊景明嘉靖本。

Y

1. 〔清〕閻若璩《四書釋地》，清皇清經解本。

2. 〔清〕嚴可均《全上古三代秦漢〔三國〕六朝文》，民國十九年景清光緒二十年黃岡王氏刻本。

3. 〔宋〕嚴羽《滄浪詩話》，明津逮秘書本。

4. 〔清〕嚴元照《悔菴學文》，清光緒刻湖州叢書本，《清代詩文集彙編》第 508 冊，上海古籍出版社 2010 年版。

5. 〔清〕嚴元照《蕙櫋雜記》，清勞權鈔本，《續修四庫全書 1158 冊》，上海古籍出版社 1996 年版。

6. 〔唐〕顏師古著，劉曉東平議《匡謬正俗平議》，齊魯書社 2016 年版。

7. 〔清〕顏元《顏元集》，中華書局 1987 年版。

8. 〔南北朝〕顏之推《顏氏家訓》，四部叢刊景明本。

9. 〔春秋〕晏嬰《晏子春秋》，四部叢刊景明活字本。

10. 〔清〕楊賓《柳邊紀略》，清光緒仰視千七百二十九鶴齋叢書本。

11. 〔明〕楊光先著，陳占山校注《不得已》，黃山書社 2000 年版。

12. 〔明〕楊慎《丹鉛總錄》，文淵閣四庫全書本。

13. 〔明〕楊慎《升菴集》，文淵閣四庫全書本。

14. 〔明〕楊慎《升菴經說》，叢書集成初編本。

15. 〔清〕楊士聰《玉堂薈記》民國嘉業堂叢書本。

16. 〔明〕楊士奇《東里集》，文淵閣四庫全書本。

17. 〔明〕楊士奇《文淵閣書目》，文淵閣四庫全書本。

18. 〔清〕楊守敬《日本訪書志》，清光緒刻本。

19. 〔清〕楊守敬《隋書地理志考證》，清光緒二十七年刻第三次校改本。

20. 〔宋〕楊萬里《誠齋集》，四部叢刊景宋寫本。

21. 〔唐〕楊曄《膳夫經手錄》，清初毛氏汲古閣鈔本。

22. 〔北魏〕楊衒之《洛陽伽藍記》，四部叢刊三編景明如隱堂本。

23. 楊鍾羲《雪橋詩話》，民國求恕齋叢書本。

24. 〔漢〕揚雄《太玄經》，四部叢刊景明翻宋本。

25. 〔漢〕揚雄撰，〔晉〕李軌注《揚子法言》，四部叢刊景宋本。

26. 〔清〕姚範《援鶉堂筆記》，清道光姚瑩刻本。

27. 〔宋〕姚寬《西溪叢語》，明嘉靖俞憲崑鳴館刻本。

28. 〔清〕姚鼐《惜抱軒詩文集》，清嘉慶十二年刻本。

29. 〔清〕姚文僖《遼雅堂集》，《清代詩文集彙編》第 448 冊，上海古籍出版社 2010 年版。

30. 〔宋〕姚鉉《重校正唐文粹》，四部叢刊景元翻宋小字本。

31. 〔清〕姚用樸著；張仁壽校注《舊聞隨筆》，黃山書社 1989 年版。

32. 〔明〕姚虞《嶺海輿圖》，清守山閣叢書本。

33. 〔清〕姚元之《竹葉亭雜記》，清光緒十九年姚虞卿刻本。

34. 〔清〕姚振宗《隋書經籍志考證》，民國師石山房叢書本。

35. 〔元〕耶律楚材《湛然居士集》，四部叢刊景元鈔本。

36. 〔清〕葉昌熾《緣督廬日記抄》，民國上海蟬隱廬石印本。

37. 〔宋〕葉隆禮《契丹國志》，元刊本。

38. 〔宋〕葉適《水心先生文集》，四部叢刊景明刻黑口本。

39. 〔宋〕葉適《習學記言序目》，文淵閣四庫全書本。

40. 〔清〕葉廷琯《吹網錄》，清同治八年刻本。

41. 〔宋〕葉廷珪《海錄碎事》，文淵閣四庫全書本。

42. 易新農、夏和順編校《王禮培輯》，民主與建設出版社 2015 年版。

43. 〔宋〕佚名《寶刻類編》，清粵雅堂叢書本。

44. 〔宋〕佚名《靖康要錄》，清十萬卷樓叢書本。

45. 〔宋〕佚名《宣和書譜》，文淵閣四庫全書本。

46. 〔宋〕佚名撰《韻鏡》，《古逸叢書》覆宋本。

47. 〔元〕佚名《群書通要》，清嘉慶宛委別藏本。

48. 〔元〕佚名《元朝秘史》，四部叢刊三編景元鈔本。

49. 佚名《上清黃庭內景經》，明正統道藏本。

50. 〔清〕佚名《清涼山志》，清乾隆武英殿刻本。

51. 印光大師《印光大師全集淨土法要》，河南佛學社弘法慈濟功德會 2003 年版。

52. 〔清〕英和《恩福堂筆記》，清道光十七年刻本。

53. 〔清〕英匯《科場條例》，清咸豐刻本。

54. 〔漢〕應劭《風俗通義》，明萬曆兩京遺編本。

55. 〔清〕應祖錫《佐治芻言》，清末江南製造總局刻本。

56. 〔清〕永瑢等撰《四庫全書總目》，中華書局 1965 年版。

57. 〔元〕虞集《道園學古錄》,四部叢刊景明景泰翻元小字本。

58. 〔唐〕虞世南《北堂書鈔》,清光緒十四年萬卷堂刻本。

59. 〔明〕余繼登《典故紀聞》,清畿輔叢書本。

60. 余嘉錫《世說新語箋疏》,中華書局 1983 年版。

61. 余嘉錫《四庫提要辯證》,湖南教育出版社 2009 年版。

62. 余嘉錫《余嘉錫文史論集》,嶽麓書社 1997 年版。

63. 〔清〕余金《熙朝新語》,清嘉慶二十三年刻本。

64. 〔元〕余闕《青陽先生文集》,四部叢刊續編景明本。

65. 〔唐〕余知古《渚宮舊事》,文淵閣四庫全書本。

66. 〔清〕俞樾《賓萌集》,清光緒二十五年刻春在堂全書本。

67. 〔清〕俞樾《茶香室叢鈔》,清光緒二十五年刻春在堂全書本。

68. 〔清〕俞樾《春在堂詩編》,清光緒二十五年刻春在堂全書本。

69. 〔清〕俞樾《春在堂雜文》,清光緒二十五年刻春在堂全書本。

70. 〔清〕俞樾《兒笘錄》,《弟一樓叢書》本。

71. 〔清〕俞樾《諸子平議》,清光緒二十五年刻春在堂全書本。

72. 〔清〕俞正燮《癸巳存稿》,清連筠簃叢書本。

73. 〔清〕俞正燮《癸巳類稿》,清道光日益齋刻本。

74. 〔清〕虞兆湰《天香樓偶得》,清鈔本。

75. 〔金〕元好問《唐詩鼓吹》,清順治十六年陸貽典錢朝鼐等刻本。

76. 〔元〕元明善《清河集》,清光緒刻藕香零拾本。

77. 〔清〕袁棟《書隱叢說》,清乾隆刻本。

78. 〔晉〕袁宏《後漢紀》,四部叢刊景明嘉靖刻本。

79. 〔宋〕袁褧《楓窗小牘》,民國景明寶顏堂秘籍本。

80. 〔元〕袁桷《清容居士集》,四部叢刊景元本。

81. 〔明〕袁袠《世緯》,清知不足齋叢書本。

82. 〔清〕袁枚《隨園隨筆》,清嘉慶十三年刻本。

83. 〔清〕袁枚《小倉山房集》,清乾隆刻增修本。

84. 〔宋〕袁文《甕牖閒評》,清武英殿聚珍版叢書本。

85. 〔唐〕元稹《元氏長慶集》,四部叢刊景明嘉靖本。

86. 〔日本〕源順《倭名類聚鈔》，國家圖書館藏村上勘兵衛寬文 7 年（清康熙 6 年）〔1667〕刻本。

87. 〔宋〕岳珂《愧郯錄》，四部叢刊續編景宋本。

88. 〔宋〕岳珂《桯史》，四部叢刊續編景元本。

89. 〔清〕允祿等《欽定同文韻統補》，文淵閣四庫全書本。

Z

1. 〔清〕臧庸《拜經日記》，清嘉慶二十四年武進臧氏拜經堂刻本。

2. 湘鄉曾廣銓綵譯，餘杭章炳麟筆述《斯賓塞爾文集》，上海人民出版社編《章太炎全集·譯文集》，上海人民出版社 2015 年版。

3. 〔清〕曾國藩《求闕齋讀書錄》，清光緒二年傳忠書局刻本。

4. 〔清〕曾國藩《曾文正公書札》，清光緒二年傳忠書局刻增修本。

5. 〔清〕曾國荃《光緒湖南通志》，清光緒十一年刻本。

6. 〔宋〕曾敏行《獨醒雜志》，清知不足齋叢書本。

7. 曾憲通編選《容庚選集》，天津人民出版社 1994 年版。

8. 〔宋〕曾慥《道樞》，明正統道藏本。

9. 〔清〕查繼佐《罪惟錄》，浙江古籍出版社 1986 年版。

10. 〔清〕查慎行《人海記》，清光緒正覺樓叢刻本。

11. 〔清〕翟灝《通俗編》，清乾隆十六年翟氏無不宜齋刻本。

12. 〔宋〕張邦基《墨莊漫錄》，四部叢刊三編景明鈔本。

13. 〔明〕張邦奇《張邦奇集》，明刻本。

14. 〔元〕張伯淳《裕宗冊文》，文淵閣四庫全書本。

15. 〔清〕張岱《石匱書》，上海古籍出版社 2007 年版。

16. 〔宋〕張端義《貴耳集》，文淵閣四庫全書本。

17. 〔清〕張海珊《小安樂窩文集》，清道光十一年震澤張氏刻本，《清代詩文集彙編》第 537 冊，上海古籍出版社 2010 年版。

18. 〔唐〕張籍《張司業詩集》，四部叢刊景明本。

19. 〔清〕張金吾《金文最》，清光緒二十一年重刻本。

20. 〔唐〕張弧《素履子》，明正統道藏本。

21. 〔晉〕張華《博物志》，清指海本。

22. 〔清〕張鑒《雷塘庵主弟子記》，清光緒間儀徵阮氏刻本。

23. 〔宋〕張戒《歲寒堂詩話》，清武英殿聚珍版叢書本。

24. 〔清〕張穆《蒙古游牧記》，清同治祁氏刻本。

25. 張舜徽《愛晚廬隨筆》，華中師範大學出版社 2005 年版。

26. 張舜徽《清人筆記條辨》，華中師範大學出版社 2004 年版。

27. 張舜徽《訒庵學術講論集》，嶽麓書社 1992 年版。

28. 〔明〕張燧撰，朱志先校釋《〈千百年眼〉校釋》，武漢大學出版社 2018 年版。

29. 〔宋〕張唐英《蜀檮杌》，清鈔本。

30. 〔清〕張廷玉等《明史》，中華書局 1974 年版。

31. 〔清〕張廷玉等《清文獻通考》，民國景十通本。

32. 〔清〕張維屏《花甲閒談》，清道光富文齋刻本。

33. 〔清〕張文虎《舒藝室隨筆》，清同治刻本。

34. 張西堂《穀梁真偽考》（附《尸子考證》），知識產權出版社 2016 年版。

35. 〔元〕張憲《玉笥集》，清粵雅堂叢書本。

36. 〔宋〕張炎《詞源》，清詞學叢書本。

37. 〔唐〕張彥遠《法書要錄》，文淵閣四庫全書本。

38. 〔清〕張玉書《康熙字典》，中華書局 1958 年版。

39. 〔唐〕張說《張說之文集》，四部叢刊景明嘉靖本。

40. 〔清〕張雲璈《簡松草堂詩文集》，清道光刻三景閣叢書本。

41. 〔宋〕張載《張載集》，中華書局 2012 年版。

42. 〔明〕張自烈《正字通》，清康熙二十四年清畏堂刻本。

43. 〔清〕張貞生《庸書》，清康熙十八年張世坤張世坊刻本。

44. 章太炎著，上海人民出版社編《章太炎全集·太炎文錄補編》，上海人民出版社 2017 年版。

45. 章太炎著，上海人民出版社編《章太炎全集·菿漢微言》，上海人民出版社 2015 年版。

46. 〔宋〕章如愚《山堂考索》，文淵閣四庫全書本。

47. 〔清〕章學誠《校讎通義》，民國刻章氏遺書本。

48. 〔清〕章學誠《文史通義》，民國嘉業堂章氏遺書本。

49. 〔唐〕長孫無忌《唐律疏議》，四部叢刊三編景宋本。

50. 〔清〕昭槤《嘯亭雜錄》，清鈔本。

51. 趙爾巽等《清史稿》，中華書局 1977 年版。

52. 〔明〕趙璸《歸田述夢》，清末李氏木樨軒鈔本，《四庫全書存目叢書》史部第 127 冊。

53. 〔宋〕趙令畤《侯鯖錄》，清知不足齋叢書本。

54. 趙榮蔚《唐五代別集敘錄》，中國言實出版社 2009 年版。

55. 〔漢〕趙爽注，〔南北朝〕甄鸞述《周髀算經》，四部叢刊景明刊本。

56. 〔清〕趙一清《東潛文稿》，清乾隆五十九年小山堂刻本。

57. 〔清〕趙翼《陔餘叢考》，曹光甫校點《趙翼全集》第二～三冊，鳳凰出版社 2009 年版。

58. 〔清〕趙翼《廿二史劄記》，曹光甫校點《趙翼全集》第一～二冊，鳳凰出版社 2009 年版。

59. 〔清〕趙翼《甌北集》，曹光甫校點《趙翼全集》第五～六冊，鳳凰出版社 2009 年版。

60. 〔清〕趙翼《甌北詩話》，曹光甫校點《趙翼全集》第五冊，鳳凰出版社 2009 年版。

61. 〔清〕鄭方坤《五代詩話》，清粵雅堂叢書本。

62. 〔清〕鄭觀應《盛世危言新編》，清光緒二十三年成都刻本。

63. 〔清〕鄭方坤《全閩詩話》，清乾隆詩話軒刻本。

64. 〔清〕鄭光祖《一斑錄》，清道光舟車所至叢書本。

65. 〔宋〕鄭樵《通志》，文淵閣四庫全書本。

66. 〔元〕鄭杓《衍極》，清十萬卷樓叢書本。

67. 〔明〕鄭曉《今言》，明嘉靖四十五年項篤壽刻本。

68. 〔明〕鄭岳《莆陽文獻列傳》，明萬曆刻本。

69. 中國第一歷史檔案館編《纂修四庫全書檔案》，上海古籍出版社 1997 年版。

70. 〔明〕鍾惺《古詩歸》，明閔振業三色本。

71. 〔宋〕周邦彦《詳注片玉集》,宋刻本。

72. 〔宋〕周必大《文忠集》,文淵閣四庫全書本。

73. 〔宋〕周必大《玉堂雜記》,文淵閣四庫全書本。

74. 〔清〕周春《遼金元姓譜》,昭代叢書本。

75. 〔清〕周春《十三經音略》,叢書集成初編本。

76. 周駬方編校《明末清初天主教史文獻叢編》,北京圖書館出版社 2001 年版。

77. 〔宋〕周輝《清波雜志》,四部叢刊續編景宋本。

78. 〔宋〕周密《癸辛雜識》,文淵閣四庫全書本。

79. 〔宋〕周密《齊東野語》,明正德刻本。

80. 〔宋〕周密《武林舊事》,民國景明寶顏堂秘笈本。

81. 〔宋〕周密《志雅堂雜鈔》,清粵雅堂叢書本。

82. 〔宋〕周去非《嶺外代答》,文淵閣四庫全書本。

83. 〔清〕周壽昌《思益堂日札》,清光緒十四年王先謙等刻本。

84. 〔明〕周嬰《厄林》,文淵閣四庫全書本。

85. 〔宋〕周羽翀《三楚新錄》,文淵閣四庫全書本。

86. 〔清〕周中孚《鄭堂讀書記》,民國吳興叢書本。

87. 〔清〕朱駿聲著,樊波成校證《經史問答校證》,華東師範大學出版社 2010 年版。

88. 〔宋〕周弼《三體唐詩》,文淵閣四庫全書本。

89. 〔三國〕諸葛亮《諸葛武侯文集》,清正誼堂全書本。

90. 〔明〕朱國禎《湧幢小品》,明天啟二年刻本。

91. 〔宋〕朱鑒《詩傳遺說》,清通志堂經解本。

92. 朱建偉《中國古代邪教的形態與治理》,知識產權出版社 2018 年版。

93. 朱啟鈐《蠖園文存·〈梓人遺制〉書後》,貴州省文史研究館編《民國貴州文獻大系》第 3 輯上,貴州人民出版社 2015 年版。

94. 〔宋〕朱熹《楚辭集注》,古逸叢書景元本。

95. 〔宋〕朱熹《晦庵先生朱文公文集》,四部叢刊景明嘉靖本。

96. 〔宋〕朱熹《雜學辨》,文淵閣四庫全書本。

97. 〔清〕朱一新著《京師坊巷志稿》,《朱一新全集》整理小組整理《朱一新全集》,上海人民出版社 2017 年版。

98. 〔清〕朱一新著《無邪堂答問》,《朱一新全集》整理小組整理《朱一新全集》,上海人民出版社 2017 年版。

99. 〔清〕朱彝尊《經義考》,文淵閣四庫全書本。

100. 〔清〕朱彝尊《曝書亭集》,四部叢刊景清康熙本。

101. 〔宋〕朱彧《萍洲可談》,叢書集成初編本。

102. 〔清〕莊述祖《珍埶宧文鈔》,清刻本。

103. 〔清〕鄒代鈞《西征紀程》,嶽麓書社 2016 年版。

104. 鄒福清《言象、理志:張惠言「統乎志」的賦論及批評實踐》,《江蘇理工學院學報》2018 年第 1 期。

105. 〔清〕鄒漢勳《鄒叔子遺書七種》,嶽麓書社 2011 年版。

後記：我與我周旋久

桓公少與殷侯齊名，常有競心。桓問殷：「卿何如我？」殷云：「我與我周旋久，寧作我！」

——《世說新語·品藻第九》

於世已無用，何苦愛讀書。自笑身許大，所處如蟬魚。

編簡補斷爛，卷軸收殘餘。又鎖十餘篋，作數隨行書。

——（宋）文同《行李載書成詠》

且人心日漓，風氣日變，缺文之義不聞，而附會之習且愈出而愈工焉。在官修書，惟冀塞責；私門著述，敬飾浮名，或剽竊成書，或因陋就簡。使其術稍黠，皆可愚一時之耳目，而著作之道益衰。

——（清）章學誠《文史通義》卷三《內篇三·史注》

我們最怕的不是身處的環境怎樣，遇見的人多麼可恥，而是久而久之，我們已經無法將自己與他們界定開了。

——張愛玲《傾城之戀》

我們趑行在人生這個亙古的旅途，在坎坷中奔跑，在挫折裏涅槃，憂愁纏滿全身，痛苦飄灑一地。我們累，卻無從止歇；我們苦，卻無法迴避。

——（哥倫比亞）加西亞·馬爾克斯《百年孤獨》

一

　　近來因為古代文學課要講授漢樂府，課前搜檢資料時，無意看到這句「男兒在他鄉，焉得不憔悴」，心中竟然沒有引起些許波瀾。我突然意識到現在的我和從前的我好像不太一樣了！要是以前，看到這樣的句子，我恐怕早就「心有戚戚焉」了。是麻木？是心死？是習以為常？還是淡定？甚或無謂？我自己似乎也不太清楚。不過近幾年來，著實見慣了一些人，見慣了一些事，所謂「司空見慣渾無事」，時間久了，也就習以為常了，心理上倒是佛系了不少。曾經的牢騷太盛，感覺也像怕極了目下肆虐的新冠肺炎病毒一樣，不大出來活動了。

　　接連幾天都是晴朗的天氣，慵懶的陽光透過玻璃窗費力地鑽進來，看著挺像模像樣的，卻怎麼也敵不過北國的寒氣，終究讓人感覺不到半點的暖意。聽著呼呼的疾馳的妖風，看著搖曳的慘敗的枯枝，還有路上愈發稀少的人流，倒像是大自然在昭示著冬意正濃。

　　疫情還在蔓延，歲月卻並不因之止步，轉眼間，又是一年的尾聲了。回望這波譎雲詭的一年，讓人忍不住想到狄更斯《雙城記》開篇那段經典的文字：

> It was the best of times, it was the worst of times. it was the age of wisdom, it was the age of foolishness.it was the epoch of belief, it was the epoch of incredulity. it was the season of Light, it was the season of Darkness.it was the spring of hope, it was the winter of despair.we had everything before us, we had nothing before us. We were all going direct to Heaven, we were all going direct the other way.—in short, the period was so far like the present period, that some of its noisiest authorities insisted on its being received, for good or for evil, in the superlative degree of comparison only.

《雙城記》的漢文翻譯版本較多，其中有一個古文的翻譯頗為亮眼：

> 時之聖者也，時之凶者也。此亦蒙昧世，此亦智慧世。此亦光明時節，此亦黯淡時節。此亦篤信之年，此亦大惑之年。此亦多麗之陽春，此亦絕念之窮冬。人或萬物具備，人或一事無成。我輩其青雲直上，我輩其黃泉永墜。當時有識之士咸謂人間善惡或臻至極，亦必事有所本，勢無可綰。但居之習之可也。

有人說這是出自清末魏易的《二城故事》，但我核對過魏易的譯本，和這完全不同。其真實的譯者身份尚待考察。不管如何，狄更斯對時代的描繪，實在是像極了快要過去的極不平凡的 2020 年。就在這一年，有人得福，有人遭禍；有人發了財，有人喪了命；有的人逐漸喪失了做人的底線，有的人始終對得起自己的良心……

這一年，大大小小的事情像往年一樣不斷上演，諸如洪澇災害、地震、海嘯、森林大火、地區武裝衝突、嚴重交通事故……舉凡此類，年年皆有，無甚特別之處。唯獨這一場席捲全球的新冠肺炎，波及範圍之廣、持續時間之長、造成損失之大、產生影響之劇，則是亙古未聞。截止到今日（12 月 23 日）15：47，全球累計確診 78296869 人，累計死亡 1719773 人。在病毒的肆虐下，人們已經付出了慘重的代價。但是疫情並未消退，國內近期不斷出現反彈，無症狀感染和確診時有發生，好在一切都在掌控之中。海外形勢則比較糟糕。英國政府於本月 14 日公布了出現變異新冠病毒的情況，導致近 40 國切斷了與英國的航線。昨天，智利又宣稱南極基地暴發疫情，36 人感染新冠病毒。至此，人間已無「淨土」。

這一年，武漢封城，湖北封省；這一年，很多人禁足在家，用鐵的事實打破了「只要有網絡，有吃有喝的，我可以一直不出門」的豪言壯語；這一年，電影院、KTV、酒吧紛紛關門歇業；這一年，很多人因為禁足的寂寞玩起了抖音；這一年，教師們線上教學，紛紛當起了「網紅」；這一年，大量的人失去了寶貴的生命，留下了不再完整的家；這一年，很多企業破產，很多員工失去了賴以生存的工作；這一年，我們見到了吹哨人的良知和膽識〔註1〕，

〔註1〕12 月 31 日早晨在微信公眾號看到呦呦鹿鳴的《疫情還沒有結束，它們就開始篡改歷史了》，摘錄如下：

歷史這條大河，在去年的今天，2019 年 12 月 30 日，來到一個節點，一個漩渦所在。

那日，武漢市中心醫院眼科醫生李文亮看到了一份病人檢測報告，旋即在武漢大學醫學院同學群裏發出警告。

因為這次警告，元旦後，1 月 3 日，武漢警方向他發出訓誡，院方也大動干戈，深夜施壓。

1 月 8 日，李文亮接診了一位感染者，隨後感染，進了重症監護室。他報名回一線：「恢復了還上一線，我不想當逃兵」；他說：「一個健康的社會不能只有一種聲音」。

2 月 7 日，李文亮殉職。

是夜，病情反覆的消息不斷更新，無數人守夜，舉國輾轉反側。

也感動於逆行者的勇氣和擔當；這一年，武漢作家方方在網上發表了疫情期間的日記，隨後出現了勢如水火的支持者和謾罵者；這一年，又湧現了形形色色的「磚家」，也通過實踐驗證了貨真價實的專家；這一年，我們見證了人性的善，也大尺度的暴露了人性的惡……巨大的災難，徹底改變了人們長久以來習以為常的生活方式。人們開始減少外出，人們開始習慣蟄伏，人們開始習慣出門佩戴口罩，人們開始和別人談話時保持適當距離……這一年，「口罩是通行證，體溫是墓誌銘」。

願逝者安息！願生者康健！

——因為所有的苦難終會過去，明天一定會更加美好！

二

按照慣例，每年的年末我都會進行年度總結。今年也不例外。回顧這一年來，一月回家四月回，寒假在麻城足足待了三個月。暑假又回臨沂住了二十天。每天遛娃之外，就是釣魚、閒坐，未曾學習。其他的時間則在鹽城，除了赴校上班之外，則是在家蝸居。那麼，總結應該是這樣的：

1. 講授了幾門課，追了幾部諜戰劇。

2. 開啟上午、下午學習、午後、晚上休息的生活模式。（今年微信圈裏傳播了好幾例年輕的科研工作者英年早逝的消息，引起了社會廣泛的思考。職是之故，堅決做到勞逸結合，學習時間就認真學習，休息時間除了晚上早睡之外，午後和晚上則是看抖音和追劇。）

3. 接續前年的工作，完成《居業堂文集》；接續去年的工作，完成《〈純常子枝語〉校證》《杜詩闡》《〈易筌〉疏證》《莊子通》的點讀、校証工作。新完成《〈讀易述〉校證》《〈周易集說〉校證》《〈讀易紀聞〉校證》《陸繼輅集》，另完成《思綺堂文集》二卷、《詳注昌黎先生文集》二卷、《〈孔易釋文〉史源考》大部、《左傳經世鈔》五卷。

4. 零星工作，諸如校證《蠡勺編》《廣博物志》各一卷，點讀《彭而述集》《玉芝堂談薈》《袁翼集》《曝書亭集詩注》，後均作罷。

此後，中央派出的調查組給出結論：李文亮轉發、發布相關信息，被大量轉發後引發社會關注，客觀上對各方面重視疫情、加強防控起到了推動作用；武漢市公安局武昌分局中南路派出所對李文亮出具訓誡書不當，予以監督糾正。再之後，李文亮被評為烈士，追授「全國衛生健康系統新冠肺炎疫情防控工作先進個人」「中國青年五四獎章」等榮譽。

5. 整理昔年舊稿，發表論文數篇。

6. 產生不少新的想法，尚未及著手，姑且留待他日。

7. 心態漸趨平和。

這一年和往年一樣，我仍然沒有管理考評最看重的各類項目、CSSCI 期刊論文和各類獲獎。但就我而言，雖然因疫情耽擱了幾個月的學習，但回望這一年，自我感覺收穫滿滿，問心無愧。生活依然平淡，心態卻大不相同。魯迅先生說：「仰慕往古的，回往古去罷！想出世的，快出世罷！想上天的，快上天罷！靈魂要離開肉體的，趕快離開罷！」人各有志，本不求同。「少無適俗韻，性本愛丘山。」江湖很熱鬧，我獨愛吾廬。

三

2019 年的年終總結和今年一樣，都是在書稿的後記裏提前總結的。那是 11 月 9 日的午後，我開始撰寫《〈周易玩辭困學記〉校證》一書的《後記》，我說：

> 十一月八日，像往常一樣，又是忙碌的一天，到下午基本完成了《〈古周易訂詁〉校證》的主體內容。想想時間，已然到了歲暮。2019 年只剩下不到兩個月的時間。按照慣例，每年的十二月三十一日，我會在日記裏進行年終總結。眼看一年將盡，剩下的日子估計也翻不出多大的波浪了，那麼，今年的年終總結其實此刻就可以「蓋棺定論」。雖未年終，實則可以提前總結了。

當時我以為已近年底，工作不會再有新的進展。可誰曾想，某天漫無目的地翻看徐德明老師《清代學術筆記提要》的時候，看到《純常子枝語》那一條時，心裏莫名的倍有感覺，腦中瞬間轟動起來，思緒不自禁地回到了從前。

說到《純常子枝語》，那還是在湖大讀研究生時的事情了。記得有一次京東網搞促銷，於是便買了一套三聯版的《錢鍾書作品集》，其中《管錐編》四厚冊，《談藝錄》一厚冊。因為當時學的是先唐文學方向，對於唐宋以後的東西關注不多，所以《談藝錄》沒有看完。《管錐編》所論多與先秦漢魏有關涉，以故囫圇吞棗地啃過一遍。書中繁徵博引，令人瞠目結舌。英文水平不高的我，遇到外文文獻就直接跳過。而繁多的中文文獻，我在讀後除了驚歎錢先生博學之外，也沒有留下多麼深刻的印象。但不知道為什麼，偏偏對於書中提及的兩部清人筆記，我卻記憶尤深。一是姚範的《援鶉堂筆記》，一是文廷

式的《純常子枝語》。兩本書都收在《續修四庫全書》裏，當時都下載過電子書，並進行了粗略的翻覽。由於本科時對佛典有興趣，碩士論文做的《左傳》，而《純常子枝語》裏面又涉及了不少，所以也做了一些摘錄。那一時期的筆記本迄今還留存著。

讀博時，司馬朝軍老師饋贈大著《續修四庫全書雜家類提要》，拜讀之餘，看到內中對《純常子枝語》一書評價亦高。當時就不禁要想，這麼好的書，怎麼就沒有人加以整理。因為自己讀研和讀博的方向（先唐、元代）均不在清朝，所以也不曾有過整理這本書的想法，甚至不曾想到數年後居然會涉足清代學術。

隨著入職鹽城師範學院之後，研究的中心逐漸轉移到清代、近代之後，加之劉毓崧集、沈欽韓集、秦瀛集、陳玉澍集、汪之昌集的逐步開展，對此一時段的典籍就有了濃烈的興趣。也正是這樣，才會在翻《清代學術筆記提要》時有了感覺。（此書之前翻過多次。）

心動不如行動。正好《〈周易玩辭困學記〉校證》、《〈古周易訂詁〉校證》相繼完成，而沉睡的沈欽韓集、秦瀛集、陳玉澍集、汪之昌集已經放下多時，不曾賡續，於是就開始了《純常子枝語》的整理。

一切進展的很順利，而且也是心無旁騖，每天堅持在做。突然有一天，無意看到 2019 年的國家社科基金裏就有一項是「《純常子枝語》整理與研究」，後來又看到 2020 年度國家古籍整理出版專項經費資助項目裏有「《文廷式全集》」，當時心裏非常糾結。古籍整理「撞車」是很常見的事情，重複出版的書也是屢見不鮮。但我一直固執的認為古籍那麼多，需要不斷開發新的資源，這樣才有意思，而重複整理呢，總有種嚼別人嚼過的飯菜一樣，甚至有抄襲的嫌疑。正是基於這樣的考慮，我所做的史源考《易》系列，還有清人別集系列，都是選取那些未曾有人整理過的文獻，屬於首次整理。既然現在人家有了課題，那我還有必要做下去嗎？但是，轉念一想，工作已經開展些時日了，自認為還是有一些東西應該是和別人不大一樣的，如果就此中輟，之前的努力豈非白費？心中頗有些糾結。那麼，我該怎麼辦？是放棄？還是堅持？

我用微信將這情況告訴了一個朋友，他只回了四個字：「千家注杜。」回覆雖然簡單，但表達的意思很明顯。首先，幾個人同時關注這本書，充分說明了這本書的價值。如果沒有魅力的話，它會繼續沉睡在故紙堆中，逐漸被

人遺忘。第二，《中庸》講「萬物並育而不相害，道並行而不相悖」。宋代「千家注杜，五百家注韓」，到後世，甚至到今天，依然有新的杜集注本、韓集注本在不斷出現。每個人的學養、風格、預定的目標等都不一樣，具體到同一本書上，最後做出來的東西肯定是完全不同的。有的只是做單純的基礎性整理，有的則有校勘，甚或有箋證，有史源學考索，有的還會有研究，這完全取決於整理者本人。高考時全國幾百萬考生共一個作文題目，也沒見有雷同的。想到這裡，我才發現，原來我所糾結的其實根本就不是一個問題。因為從這個角度來看，雖然幾個人在整理同一本書，但實際上可能是在做不相同的工作。事後，我又得知《純常子枝語》還是古委會的立項項目。看來這書真是魅力無窮，備引注目！

好在這些都只是立項項目，距離問世估計還有一段時間。畢竟，項目成果的出版還要經歷一系列繁瑣的程序。所以彼此之間，是真正的「閉門造車」，自然不存在抄襲的可能。而我呢，手頭一個項目都沒有，純屬私人行為，行動自由，操作方便，無拘無束，這似乎又是一個相對優勢。於是，工作中斷了幾天之後，一切又回歸了正常。

四

工作持續到了學期末。隨著寒假的到來，才暫時停止。因為要回老家補辦小海豚的生日宴，一家三口於 1 月 13 日輾轉回到了麻城。在鹽城火車站候車的時候，我胡亂拼湊了一首不合律的《回鄉偶書》：

> 搔首臨風獨倚欄，（牟融）
> 自斷此生休問天。（杜甫）
> 千載腐儒騎瘦馬，（唐彥謙）
> 一任旁人冷眼看。（釋洪德）

宴席辦完沒幾天，然後就是新冠肺炎的急速蔓延，疫情不斷加重。出於防疫的需要，武漢率先封城，湖北其他地市隨之逐步封城，湖北省最後進入了封省模式。

一時間，網上各種報導，都是「湖北人」在外地的悲慘遭遇。比如車牌鄂 A 的車不准下高速，從湖北回來的人不讓進小區，湖北通外的道路被堵塞或者挖斷，甚至多年未曾回武漢的持有武漢身份證的人在當地也是每日被查問……

時當年節，真正的湖北人基本都在湖北，而從武漢、湖北流出到外省的人，又有多少真正的湖北人呢？他們或是在武漢旅遊，或是在武漢求學，或是在武漢探親，或是在武漢打工……那些被圍追堵截，甚至懸賞舉報的武漢人、湖北人，他們其實大多數是外省人。他們從武漢、湖北回到自己的家鄉，卻被當作武漢人、湖北人，被加以拒絕、對抗，甚或有暴力封門，不讓出來的……

…………

本是同根生，相煎何太急！

人性中的惡之花，在災難面前綻放無遺。隔著屏幕，全國都在喊「武漢加油」、「湖北加油」，然而現實中的武漢人、湖北人卻沒有被溫柔對待，——因為省外人認定他們是瘟神。網上曬出某地拉出的大紅橫幅：「湖北回來的人都是定時炸彈」，便是最好的證明。

1 月 22 日，雲南省彝良縣文聯主席陳衍強還在網上寫了一首題為《仰望天空》的詩：

> 為防止武漢的疫情蔓延
> 我在雲南彝良
> 不僅以駐村扶貧的理由
> 阻止了一個地上的湖北佬
> 來我家過年的想法
> 還像伊朗擔心無人機一樣
> 隨時仰望天空
> 看是否有九頭鳥飛過

迫於輿論壓力，這位詩人最後主動道歉，並主動辭職了！

舉凡此類，不勝枚舉。每天打開抖音，看到的都是這樣一些報導。而現實呢，也是異常的艱難，——物資是緊缺的。姑且不說吃的喝的，防疫最重要的口罩，鄉下是沒有的。疫情爆發的時候，藥店裏的存貨瞬間被搶光。隨著湖北疫情的加重，快遞都不往湖北發貨，即便想買，也沒有途徑。外省專機專車運來的救援物資，首先要安排給城裏，層層分流下來，到鄉下已是所剩無幾。

真相和謠言交織在一起，真假莫辨。看到的、聽到的種種，讓我心裏非常難受。1 月 27 日，我忍不住發了一條微信朋友圈，題為《庚子年初談鄂色變》：

> 無端辜負一年春，
>
> 禁足封城漫銷辰。
>
> 黎庶共罹庚子劫，
>
> 咸推吾鄂是瘟神。

微信發布不久，徐州工學院的蔣成德老師轉了我的詩，並有和詩：

> 開林博士，湖北麻城人。見有非常之舉而為詩傷春。今和而慰之
>
> 疫情突發莫傷春，
>
> 宸命從天降火辰。
>
> 舉國馳援楚城急，
>
> 白衣點燭送瘟神。（呂延濟：「火辰，心星也。明則天下和平。」）

當然，愛心更偉大。隨著援鄂計劃的開展，一批又一批的逆行者進駐湖北，上演了一幕幕感人的故事。

比如，唐莎護士長的微信朋友圈：

> 哪有什麼白衣天使，
>
> 不過是一群孩子換了一身衣服，
>
> 學著前輩的樣子，
>
> 治病救人、和死神搶人罷了……

簡短的幾句話，曾經感動了多少人。今天再回頭看以前抗疫的相關視頻，我仍然會被深深的打動，會忍不住流下眼淚。

…………

受疫情的影響，我們直到四月才得以回到學校，才得以繼續這項工作。

一切有條不紊的進行著，先是《純常子枝語》《杜詩闡》《居業堂文集》，然後是「史源考異系列」，然後是《陸繼輅集》。每天安排的滿滿的，既有學習，又有休閒。

除了上班、除了疲憊時的休閒，其他的時間我都用到了工作上。感謝內子，我沒有時間陪她逛街。感謝父親，每天帶著小海豚出外玩耍。感謝岳母，負責家裏的一日三餐，還要在家裏陪小海豚玩，哄小海豚睡。

不知不覺，小海豚已經兩歲多了，我的書稿也越來越厚。

五

浮躁的社會，繁雜的人心……

到處都是套路。

一不小心就入坑。

離開了相對單純的校園，才發現這無處不在的網，鎖住塵世間的每一個人。無錢無勢的人如此，有錢有勢的人也如此。就像劉德華在《今天》歌中所唱的：「走過歲月我才發現世界多不完美。」

我素來不太喜歡新詩，曾經在朋友圈看到北島的《波蘭來客》：

> 那時候我們有夢，關於文學，關於愛情，關於穿越世界的旅行。
>
> 如今我們深夜飲酒，杯子碰到一起，都是夢破碎的聲音。
>
> 那時我有很多夢，關於文學，關於事業，關於理想，
>
> 那時我時常在午夜驚醒，
>
> 因為有很多夢未圓，
>
> 因為對現狀的不甘，
>
> 因為對明天還會期待，
>
> 因為相信自己會是一個奇蹟！
>
> 如今，我總能一覺睡到天亮，
>
> 因為對明天不再幻想。
>
> 曾經很多夢的也沉睡了，
>
> 曾經很多的衝動，消沉了。
>
> 是長大了？
>
> 是成熟了？
>
> 還是麻木了？
>
> 反正是回不去了……

讀著讀著，悵然若失。

於是，我只好躲進書齋。「閉門即是深山」，紛繁嘈雜的世事，管他娘的，隨他去吧！書齋是平靜的，特別是一抬眼能看到我省吃儉用購置的一排排的書卷，就能體味到「書卷多情似故人，晨昏憂樂每相親」的妙處。古人之言，誠不我欺！

　　然而書齋之外呢？莊子說「無所逃於天地之間」，蘇轍說「自從四方多法律，深山更深逃無術」，人終究避不開這個紛繁嘈雜的世界。畢竟，書齋的門不可能一直關著。當你直面這個世界的時候，原來一切竟是如此的殘忍。劉攽說「淫毒皆沙蝨，跳樑自井蛙」，看來是自古而然。讀博時，室友老陳總喜歡聽汪峰的《生來彷徨》。那歌之所以感人，無非就是歌中揭示了「這生活會把你的心傷爛，可它從來就不會有一絲憐憫」；「這世界會將你的夢破敗，而它從來就不會有一絲同情」；「這生活會把你的骨折斷，而它從來就只是在袖手旁觀」。每天刷抖音，你會看到世間那麼多無助的人和那麼無助的人生。只不過，有的人在絕望中死去，有的人在絕望中重生。

　　然而，這一張網住眾生的網，有的人越陷越深，有的人卻逍遙自在……何以故？

六

　　疲憊的時候，或是工作狀態不好的時候，我會聽歌。伴隨著音樂的旋律，或是歌詞本身的意境，會讓我得到精神上的慰藉和自由。

　　黃家駒已經去世 27 年了，但他的歌依然魅力不減，依然在被廣泛的傳唱。我的歌曲收藏裏有一首他的《海闊天空》：

> 今天我，寒夜裏看雪飄過
> 懷著冷卻了的心窩漂遠方
> 風雨裏追趕，霧裏分不清影蹤
> 天空海闊你與我
> 可會變（誰沒在變）
>
> 多少次，迎著冷眼與嘲笑
> 從沒有放棄過心中的理想
> 一剎那恍惚，若有所失的感覺
> 不知不覺已變淡
> 心裏愛（誰明白我）
>
> 原諒我這一生不羈放縱愛自由
> 也會怕有一天會跌倒
> 背棄了理想，誰人都可以
> 哪會怕有一天只你共我

今天我，寒夜裏看雪飄過

懷著冷卻了的心窩漂遠方

風雨裏追趕，霧裏分不清影蹤

天空海闊你與我

可會變（誰沒在變）

原諒我這一生不羈放縱愛自由

也會怕有一天會跌倒

背棄了理想，誰人都可以

哪會怕有一天只你共我

仍然自由自我，永遠高唱我歌

走遍千里

原諒我這一生不羈放縱愛自由

也會怕有一天會跌倒

背棄了理想，誰人都可以

哪會怕有一天只你共我

背棄了理想，誰人都可以

哪會怕有一天只你共我

　　是啊！誰不曾彷徨？誰不曾苦悶？「背棄了理想」，確實是「誰人都可以」。尤其是你看到尸位素餐、無所事事的人「瀟灑送日月」，勤懇做事、兢兢業業的人「多愁祇自知」的時候，心中能平嗎？

　　我曾經有過抱怨，有過激憤。但《論語》、《莊子》、釋典的箴言，終於讓我回歸了平靜。除了上班，大部分時間就是待在家裏，看書、寫作，於是外界的一切紛擾嘈雜已然與我無關。陳寅恪在清華大學寫《楊樹達論語疏證序》，稱「書於清華園不見為淨之室」，或許就是這個意思。好吧！追名的得名，逐利的得利，我有的，是滿架的書香和筆下源源不斷的文字。而這簡單的擁有，便是無上的樂趣。孔夫子早就說過：「求仁得仁，又何怨？」

七

　　2007年，「亞洲舞娘」蔡依林用了超過別人十倍的努力拿下了當年的金曲獎（最佳國語女歌手獎），頒獎時，她發表了一通別具一格的獲獎感言。她說：

「要謝謝曾經很不看好我的人，謝謝你們給我很大的打擊，讓我一直很努力。」原來不被別人看好也可以是一種前進的動力。

博士論文出版那一年，某月日，夫己氏竟說我沒有什麼拿得出手的東西。那一天，我心中頗有些不爽。回家之後，坐在東村的小院子裏，對著斑駁的爬滿了藤蘿的老牆，完整地誦讀了一遍《齊物論》。莊子說：

> 民濕寢則腰疾偏死，鰌然乎哉？木處則惴慄恂懼，猿猴然乎哉？三者孰知正處？民食芻豢，麋鹿食薦，蝍且甘帶，鴟鴉耆鼠，四者孰知正味？猨猵狙以為雌，麋與鹿交，鰌與魚游。毛嬙麗姬，人之所美也；魚見之深入，鳥見之高飛，麋鹿見之決驟，四者孰知天下之正色哉？

古往今來，《莊子》陪伴了多少失落、受傷的人，安撫了多少孤獨的靈魂。莊子的智慧使我明白一個道理，究竟什麼樣的東西拿得出手，什麼樣的東西拿不出手，誰又拿得准呢！「吾之甘露，人之毒藥。」夫己氏所要的和我所給的，根本就不是一條道上的。

誦畢，我默默的寫了兩個大字——「努力」，貼在了牆上，正好就在我電腦的右上方。我一抬頭就能看見它。在以後的日子裏，每當懈怠時，只要一抬頭，我便滿血復活，於是又憤然而前行。

孤傲的個性，使我從不求人，亦不迎合於人，在這樣的環境裏，自然也為此吃過不少虧。雖然如此，卻死不悔改。孟子曰：「是不為也，非不能也。」做人嘛，還是得有點操守。當然，「選則不遍」，堅守了這個，必然就失掉了那個。即便「多少次，迎著冷眼與嘲笑」，但我「從沒有放棄過心中的理想」。「駑馬十駕，功在不捨」，我始終相信未來可期！——《周易》有云：「君子藏器於身，待時而動，何不利之有？」

高中時讀《古文觀止》，頗喜蘇東坡《凌虛臺記》，中云：「夫臺猶不足恃以長久，而況於人事之得喪，忽往而忽來者歟！」人事無常，局勢倏忽變幻。「眼看他起朱樓，眼看他宴賓客，眼看他樓塌了。」未來的事，誰又說得准呢？

這年頭，怪狀很多，是個女的就被人喊作美女，是個男的就被人喊作帥哥，有個職稱理所當然的就是專家……我絕不是夫己氏們不假思索、隨口而出的所謂的「人才」，但我也絕不自卑，不認為自己是一無是處、任人輕賤的「人口」。按照莊子的學說，才與不才，有用與無用，本來就沒有定準。「沒有

花香，沒有樹高，我是一棵無人知道的小草。」我就是我，唯一的我。有錢的炫錢，有勢的炫勢，有頭銜的炫頭銜……然而，你牛你的，我不羨慕。就像殷浩說的：「我與我周旋久，寧做我！」

再說了，那些自命不凡的牛人真的就一定牛嗎？某些妄人自命不凡，以為自己無所不通，對什麼專業的東西都已登堂入室，可以指手畫腳，大放厥詞。殊不知「隔行如隔山」，狗屁不通，不懂裝懂，裝腔作勢，開口便錯，不過徒增笑柄罷了。他日續《笑林》者，豈有意乎？章學誠《文史通義‧釋通》：「通者，所以通天下之不通也。」今之妄人既冒專家之名，卻又行通人之實，又專又通，豈非自相矛盾？聽其言，觀其行，在自己的一畝三分地裏尚可胡吹海侃，出此之外，卑之無甚高論，不過妄議而已，適當名副其實之「盲評專家」。其章氏筆下之「橫通」也歟？他們或許自我陶醉太久了，從來不曾想過，一個人超出了自己的研究領域，再以專家、通人自居，顯現的不是自己的專長、博學，恰恰相反，暴露的只是自己的自戀和無知，留給他人的只是一堆不痛不癢的廢話以及由此而引發的鄙視和厭惡。孔子曰：「知之為知之，不知為不知，是知也。」孟子曰：「人之患在好為人師。」章學誠曰：「橫通之人，無不好名。好名者，陋於知意者也。其所依附，必非第一流也。」前賢箴言，可為今之儉腹高談者流戒！《秋水》篇曰：「以差觀之，因其所大而大之，則萬物莫不大；因其所小而小之，則萬物莫不小。知天地之為稊米也，知毫末之為丘山也，則差數睹矣。」沒有最牛，只有更牛。比之更牛的人，爾曹不過只是「欣然自喜，以天下之美為盡在己」之河伯、「擅一壑之水，而跨跱埳井之樂」之井蛙罷了！以差觀之，何牛之有？

再過一個多月，就是農曆辛丑牛年了。牛年說牛，不禁失笑。

不過，天無絕人之路。就像宮崎駿的動畫電影《龍貓》裏的經典臺詞所說的那樣：「生活壞到一定程度就會好起來，因為它無法更壞。努力過後才知道，許多事情堅持堅持就過來了。」令人欣喜的是，眼前風順浪湧，吾人正好揚帆。

八

寫完第七節後，後記本已結束。早上觀覽微信時，又無意間看到了學界前輩劉學鍇先生在《劉學鍇文集》座談會上的發言，頗為感動，摘錄如下：

安徽師大是一所有 92 年歷史和人文科學傳統的學校。幾十年來，學校為我這樣的普通教師提供了良好的、不受任何干擾的學術環境，也使我更加懂得自知、止足、努力、堅持。既不偷懶，也不拼命，力所能及的工作努力去做，遠超自己學養的課題不勉強自己去做；既量力量才而行，又不眼高手低，為自己無所事事找藉口。做傳統文化研究的人，假如不是出身書香門第，從小熟讀文史經典，早就學識深厚，可以做大學問，那就盡可能地讓自己活得長久和健康，用長度來彌補厚度和密度。做研究時，集中精力，提高效率，堅持到底；工作之餘，我照樣燒飯燒菜、聽越劇、讀小說、還喜歡看諜戰片。不打亂生活節奏。日夜兼程我不幹，精神上儘量放鬆。

劉先生是學術大家，為人謙虛，所談的是一種健康的生活方式，也是我追求的生活方式。我想，我也會以這樣的生活方式，來完成我未來的人生之路和學術之路。

「既不偷懶，也不拼命。」

如是我願！

2020 年 12 月 23 日第一～四節

24 日第五～六節

25 日第七～八節

2021 年 1 月 23 日夜修改於國園壹城寓所〔註2〕

〔註2〕截止至此時（22：00），全球累計確診 98751101 例，累計死亡 2113962 例。